LA OSCURIDAD DENTRO DE MÍ

El relato femicida

Osvaldo Aguirre

LA OSCURIDAD DENTRO DE MÍ

El relato femicida

Aguirre, Osvaldo
   La oscuridad dentro de mí: el relato femicida / Osvaldo Aguirre. - 1a ed . - Ciudad
Autónoma de Buenos Aires: Gárgola, 2018.
   200 p.; 23 x 16 cm.

1. Crónica Periodística. I. Título.
CDD 070.44

Editor: Ricardo Romero
Diseño de tapa: Leandro Eloy Capdepón

Gárgola Ediciones
Venezuela 726 - (1095) - San Telmo - Buenos Aires
Tel/fax: (054-11)-4331-4204
ventas@gargolaediciones.com.ar
www.gargolaediciones.com.ar

Ningún delito se agota en su finalidad instrumental. Todo delito es más grande que su objetivo: es una forma de habla, parte de un discurso que tuvo que proseguir por las vías del hecho; es una rúbrica, un perfil.

Rita Segato, *LAS ESTRUCTURAS ELEMENTALES DE LA VIOLENCIA.*

Gárgola

Nicole Sessarego Bórquez fue asesinada en julio de 2014 por un hombre al que no conocía, que le infligió once puñaladas con un arma muy filosa, un bisturí, cuando llegaba a su casa en el barrio porteño de Almagro. El agresor, Lucas Azcona, se entregó a la policía en noviembre del mismo año. No sabía por qué había cometido el crimen.

Sessarego tenía 21 años, era chilena y estaba de paso por Buenos Aires para cursar una especialización en periodismo. Las últimas imágenes de su vida la mostraron mientras caminaba de madrugada por avenida Rivadavia en dirección a su casa, sin apuro y sin advertir que alguien la seguía desde que había salido de una estación del subte. No alcanzó a ver a quien le quitó la vida sino a último momento, por pocos segundos. Murió sin saber por qué.

A diferencia de lo que es habitual, Azcona reconoció su responsabilidad en el crimen. Tenía 23 años y hasta entonces trabajaba como empleado de mantenimiento en un hospital, aunque a la vez había tenido una especie de vida secreta, solitaria y nocturna, en la que acosaba a mujeres jóvenes. No supo dar razón del asesinato en ese momento y cuatro años después, pese al conjunto de exámenes, pericias y tratamientos a los que fue sometido, siguen en pie muchos de los interrogantes que se plantearon alrededor de la terrible muerte de Nicole Sessarego.

Azcona me recibió en el curso de varias visitas al Complejo Penitenciario Federal de Ezeiza, donde cumple una pena de prisión perpetua. No se negó a hablar de su historia, al contrario. Hasta me esperó con papel, lápices y biromes, para asegurarse de que tomara nota de sus respuestas.

En el primer encuentro me hizo leer un texto que había escrito y en el que intentaba explicar quién era cuando vagaba por las calles de Buenos Aires como una especie de cazador a la búsqueda de una presa desprevenida, según la descripción de los peritos. También me mostró algunos de sus dibujos, una afición que tiene desde muy chico pero que recién pudo cultivar en prisión. En el brazo derecho lleva un tatuaje que fue leído por los jueces que lo condenaron como una prueba de aversión a las mujeres y de cierto culto a la muerte, la imagen de una mujer con cuernos, cola y una rara cicatriz o aureola en la cara, una "diablita zombie", como él la definió.

En el área de visitas del módulo 1 de Ezeiza, Azcona llegó cada vez con varias bolsas. Se tomó el tiempo para poner un mantel sobre la mesa donde hablábamos y desplegar ordenadamente su contenido, como si quisiera asegurarse de que cada cosa estaba en su lugar y no se olvidaba de nada: café, equipo de mate, yerba, té de boldo, azúcar, edulcorante, agua sin gas, vasos, cubiertos, servilletas y porciones de brownie, tarta de manzana y otros postres que él cocina, ya que hace repostería. "Para que me conozcas como soy, no por lo que dice la historia mediática", me dijo, a modo de presentación.

En ese punto su relato se aproxima al de otros acusados por crímenes de género. Los femicidas suelen decir que han sido condenados por la presión de los medios de comunicación. Otro interno de la cárcel de Ezeiza me alcanzó el libro *(In)justicia mediática, cuando el periodismo quiere ser juez*, de Darío Villaruel, donde tenía señalado un párrafo: "Los casos se resuelven con leyes y deben ser ajustados a derecho, no a la indignación social (…) Dios nos salve si los jueces condenan a alguien por lo que dicen los medios y no por lo que consta en el expediente judicial".

Las estadísticas sobre femicidios en la Argentina son abrumadoras. Según un registro de la Corte Suprema de Justicia de la Nación, en 2017 se contabilizaron 251 víctimas directas de femicidios y 22 víctimas de femicidios vinculados. El 93% de los imputados fueron varones con quienes las víctimas tenían un conocimiento o un vínculo previo, en su mayoría de pareja; el 80% de los casos se produjo en espacios privados, por lo general en el hogar.

La elaboración de estadísticas fehacientes fue uno de los reclamos históricos del movimiento feminista, como parte de las acciones tendientes a visibilizar la violencia de género y la magnitud del problema. Hasta no hace mucho los registros corrían por cuenta exclusiva de organizaciones civiles sobre la base de la información periodística.

Contar con estadísticas es un requisito elemental para la elaboración de políticas públicas contra la violencia. Las historias individuales y aun la trama misma del fenómeno, sin embargo, a veces se desdibujan en la contabilización del registro y en la crónica diaria. Los casos se repiten con tal intensidad y frecuencia que los detalles y las circunstancias particulares se pierden de vista, y esa vertiginosa sucesión puede ser un obstáculo para la memoria de las víctimas y la comprensión de los dramas que sufrieron.

La propuesta de este libro es reconstruir cinco casos de ese conjunto sobre la base de documentos judiciales, entrevistas e información de archivo. Son episodios que patentizan distintos aspectos de la violencia: los preconceptos de la Justicia, las múltiples dificultades de las víctimas para hacerse escuchar, los lugares comunes que naturalizan los malos tratos y legitiman los crímenes, el drama de los hijos de femicidas, las formas de agresión que se encubren bajo estereotipos y cursilerías amorosas. En el centro de esta trama se encuentra la palabra de los femicidas.

Aun cuando alegan emoción violenta, cuando dicen que perdieron la memoria, que "no estaban", como dijo Fernando Farré, y sobre todo en cuanto niegan con mayor énfasis las acusaciones de que son objeto, los criminales de género no hablan sino de lo que hicieron. El femicidio trastoca sus historias de vida y los obliga a construir un relato sobre las ruinas que dejan sus propios actos, y a mostrar, de esa manera, la progresión de la violencia, las convenciones culturales que la justifican, las palabras y las ideas con que el crimen les pareció aceptable.

No hay una clave para comprender el problema de un solo golpe de vista. Cada una de estas historias abre un punto de observación singular sobre un fenómeno que responde a una ideología, que reconoce características y modalidades que han sido estudiadas y que a la vez resulta cada vez distinto. Y es precisamente lo que cada caso tiene de propio e intransferible lo que puede iluminar la reflexión sobre el conjunto, porque allí queda al descubierto el funcionamiento de la violencia.

Los criminales de género no son monstruos sino hijos comunes y corrientes de la sociedad. Pueden desempeñarse como ejecutivos o como ordenanzas, conducir un taxi o hacer trabajos de albañilería y hasta dar clases de catequesis y educación cívica. Su inserción no es un dato anecdótico, sino una referencia para pensar la trama de las relaciones sociales, otro aspecto que pasa desapercibido ante el espanto que provocan los femicidios.

Ninguna acción violenta, dicen los criminólogos, pasa sin dejar huella y sin reconocer antecedentes, una sucesión de circunstancias y situaciones que parecen desconectadas y encajan alrededor de ese abismo de sentido que abre el crimen. El femicidio es el último acto de una historia que remite a las circunstancias personales de sus protagonistas, pero también a los valores de la sociedad a la que pertenecen víctimas y victimarios y a creencias y discursos discriminatorios que circulan como parte del sentido común. Esa sociedad también debería responder por los crímenes de mujeres.

En el curso de las entrevistas, Lucas Azcona se refirió en un momento a "esa oscuridad que tengo adentro" en un intento de explicarse. La palabra no es ocasional en su historia, porque la oscuridad lo rodeó de muchas formas. Y podría extenderse a otros protagonistas de los casos que aquí se relatan, no como el señalamiento de un misterio insondable sino como la condensación de un conjunto de acciones y comportamientos que es necesario desmontar y poner a la luz.

O. A.

Nota

Los diálogos que se reconstruyen en este libro y las consideraciones adjudicadas a sus protagonistas provienen de registros en declaraciones testimoniales e indagatorias ante la Justicia, debates orales y públicos, sentencias y entrevistas realizadas a los fines de la investigación. Ninguna frase fue agregada o inventada bajo ningún motivo. Los nombres de menores de edad afectados por los hechos y los datos de mujeres víctimas de violación y de acoso han sido modificados en resguardo de su identidad. En el anexo se ofrecen las fuentes de documentación de cada capítulo.

MI CORAZÓN ES NEGRO

Se cambiaron a eso de las seis de la tarde, para salir. Iban a dar una vuelta por el centro de General Pico con el nene. Era sábado, el día que esperaban para estar juntos, para dar otro paso en la reconciliación.

Rosana Muchiut tenía una cena esa noche y les avisó que dejaba comida para calentar.

—Está todo bien, vieja —dijo Marcelo Tomaselli, su hijo.

Se lo veía contento.

Rosana volvió pasada la una de la madrugada. La casa estaba en silencio. Notó que Marcelo y su esposa, Carla Figueroa, se habían encerrado en el dormitorio con el nene, Pedro, de 2 años.

No le llamó la atención. Era la costumbre cuando se iban a dormir. Marcelo había salido de la cárcel y los problemas parecían superados. Era todo amor después del casamiento con Carla, recordaría su madre.

—Se me dio, mamá —decía Marcelo—. Estoy con la mujer que amo —sonreía, parecía llenarse de luz—. Vamos a ser todos felices.

Muchiut se fue a su pieza y prendió la televisión como para hacer algo antes de dormir. En eso sintió unos golpes en la puerta. Después vio asomarse a Marcelo.

—Mamá —dijo—, ¿lo cuidás a Pedro? Ya venimos.

El nene dormía con el juguete que le habían comprado a la tarde, durante el paseo. Ahora querían tener un rato para charlar a solas.

—Flaquita, no te hagás drama —habría dicho Carla a la madre de Tomaselli—. Pedro no se despierta.

Rosana no hizo preguntas. Se levantó para controlar que el nene estuviera bien, mientras Marcelo y Carla salían en moto.

No pasaron más de veinte minutos cuando advirtió, desde la cama, que estaban de vuelta. Marcelo entró la moto al garaje y Carla fue a la cocina.

Escuchó que preparaban la pava para tomar mate y salían al patio. Era una hermosa noche de primavera, ya en las primeras horas del domingo 11 de diciembre de 2011.

Se quedó dormida. Al rato escuchó el ruido de la llave al cerrar la puerta del dormitorio. Como todas las noches. Volvió a dormirse. Y entonces la despertó el grito desgarrador de su nieto.

Ese mismo día el secretario general del sindicato de prensa de La Pampa, Rubén Corral, fue detenido en Santa Rosa por abuso sexual y corrupción de menores.

—Tuvimos dos enormes noticias al mismo tiempo: no sabíamos dónde estábamos parados ni paradas —recuerda Cintia Alcaraz, que entonces trabajaba en el Tribunal de Impugnación Penal de Santa Rosa.

Pero el interés de los medios nacionales se concentró en la casa de la calle 36 número 1265, en el barrio Indios Ranqueles. Rosana Muchiut enfrentó allí a las cámaras de televisión con el rostro desencajado, envuelta en llanto, acompañada por su hijo menor, Walter Mauricio Tomaselli.

—De tanto que golpeé la puerta, me abrió —dijo, ante un racimo de micrófonos—. Cuando entré a la pieza estaba todo oscuro. La empezó a apuñalar a oscuras.

La reja de la casa y un cordón de policías la separaban de los periodistas, y también de vecinos que la increpaban.

—Cuando yo llego, él estaba en la cocina con el nene en brazos —declaró Walter Tomaselli—. Le dije que por qué lo había hecho, que no iba a tener perdón de Dios, que nos cagó la vida a todos. Él no contestó nada, se quedó mudo, con una mirada fría.

Rosana Muchiut se proclamaba inocente, sentía que debía defenderse. Stella Maris Quiroga, tía de Carla, la acusaba de haber llevado a la chica a una trampa.

–¿Cómo puede describir la personalidad de su hijo? –le preguntaron.

–No era mi hijo –respondió Muchiut–, era un monstruo, era el diablo en persona.

Un monstruo, el diablo, son criaturas perturbadoras porque en ellas no hay nada humano. Pero en definitiva resultan tranquilizadoras: no tenemos nada que ver con ellas, no debemos hacernos ninguna pregunta por nuestros propios actos, no hay nada en lo humano que resulte espantoso.

La primera separación fue en marzo de 2011. Marcelo Tomaselli no soportó que Carla Figueroa tomara la decisión. Primero la presionó con una amenaza: la vida no tenía sentido para él, iba a matarse. Después la golpeó.

Su estilo, como el de muchos golpeadores, era alternar declaraciones y reclamos amorosos con conductas agresivas, y se volvió más violento a medida que ella se afirmaba en la voluntad de separarse. La llamaba puta, y le decía que la amaba.

–Yo no quise saber más nada –contó Carla Figueroa al programa de televisión *En boca de todos*, de General Pico–. Le dije a la madre que me perdonara, yo no podía seguir con esa situación, además yo ya venía mal con él y no quería seguir, estaba con él porque me amenazaba.

Carla apareció de espaldas a la cámara, con una especie de campera de lluvia negra, con capucha. Los periodistas Sebastián Castro y Christian Calouri la escuchaban con gesto adusto.

–Entonces, ibas a la casa de tu ex suegra –la interrogó Castro–, ¿y qué pasó?

–Cuando bajo la moto a la calle viene él de atrás y se sube de prepo. Le pedí que se bajara y me decía que no, que tenía que hablar conmigo, que le hiciera caso. Si quería volver a ver a mi hijo, tenía que arrancar la moto y salir para donde él decía.

Ese día, el 14 de mayo de 2011, Carla salía de la casa donde trabajaba como niñera. No había visto a su hijo desde el mediodía.

—Sacó un cuchillo y me lo apoyó en la costilla —continuó—. Me dijo que estaba re jugado y no le importaba nada, que le hiciera caso y fuera por donde él me dijera. Antes de salir a la ruta, frené la moto y le dije que no iba a seguir.

Tomaselli pareció ablandarse por un momento, sin dejar de sostener el cuchillo mientras hacía sentar a Carla. Le preguntó por qué no lo perdonaba, si él la quería. No entendía por qué ella era, dijo, tan mala.

—Yo le decía que ya me había cansado de todas las que se había mandado conmigo. Quería que me dejara tranquila. Yo no lo molestaba, no lo jodía con el nene, al contrario; él no me daba una mano pero yo quería que lo viera al nene, no se lo negaba. no lo jodía para nada. Me paré, quise subir de nuevo a la moto y me pegó una piña que me tiró al piso.

Después la obligó a subir y a conducir hasta las afueras de la ciudad. Allí volvió a amenazarla para que bajara de la moto.

—Porque yo te mató acá, no me importa —dijo Tomaselli.

Calouri, uno de los conductores de *En boca de todos*, pareció distraerse con algo que le llamaba la atención fuera de cámara. Después le echó una mirada a su celular.

—Frené la moto y me bajé —siguió Carla—. La empujó alejándola de la ruta y me llevó del brazo. Yo le pedía que me dejara, le preguntaba por qué me hacía todo eso y él me decía que me había llevado ahí para matarme, que no le importaba nada, que había perdido todo, se daba cuenta de que era culpa de él pero ya no le importaba, no le importaba el hijo ni le importaba la madre. Y me pedía que me sacara la ropa. Yo le decía que no, me puso el cuchillo cerca de la cara y me dijo "sacate la ropa porque acá te cago matando".

Si ella quería separarse, él reafirmaba sus derechos a través de la violación. Lo que buscaba no era la satisfacción sexual sino el sometimiento. Pero ni siquiera ese acto relajó a Tomaselli. Necesitaba una nueva demostración de autoridad.

—Cuando hizo lo que tenía que hacer, me vestí y me paré. Vino con el cuchillo en la mano, me empujó al piso y se subió arriba, diciéndome que no me podía ir porque me iba a matar, él había ido para eso. Estuvo como media hora sentado arriba mío y hablando hasta que se sentó al lado.

Tomaselli pasó sin transición de las amenazas a una nueva declaración de amor. Arrojó el cuchillo a un desagüe y le pidió a Carla que no le contara a la madre lo que había hecho. Necesitaba su ayuda.

—Le propuse ir a la casa de la madre, decir que él estaba mal, que me había llamado para hablar —relató Carla Figueroa—. En realidad quería dejarlo e irme a mi casa con mi hijo, porque no sabía dónde estaba.

Tomaselli diría más tarde que después de la violación se quedó sin fuerzas. Carla lo llevó en la moto hasta la casa de la madre y hasta lo acompañó al baño, para que se diera una ducha.

Mientras él se bañaba, Carla fue a la cocina con Rosana Muchiut y le contó que la había violado. La madre de Tomaselli quería que la historia quedara entre ellas, entre las cuatro paredes de aquella casa.

Pero más tarde, cuando volvió a la casa de su abuela, donde vivía, y habló con Melina Reynoso, su hermana, Carla decidió denunciar la violación ante la policía.

—Hoy está preso, por siete días, una prisión preventiva —resumió Castro, para ir cerrando, como se dice en la jerga televisiva—. Y vos tenés temor de que él esté en la calle nuevamente

—Tengo miedo porque no sé de qué es capaz. Me dejó bien en claro que no le importa nada. Y yo tengo un hijo.

Se conocieron en 2006, cuando ella tenía 14 años y él 18.

Carla Figueroa tenía un antecedente trágico en su pasado: a los ocho meses había presenciado el asesinato de su madre, Cristina Quiroga, apuñalada por su padre, Carlos Figueroa.

La violencia en el hogar de origen naturaliza el maltrato, el sometimiento, la pesadilla cotidiana del matrimonio en la adultez. Carla Figueroa sabía por experiencia que un hombre podía matar a una mujer y quedar impune. Por eso, también, tenía miedo. Su padre, un payador que actuaba en fiestas rurales, la abandonó en la casa de su abuela materna, Juana Ramos, y siguió su vida.

En 2009 quedó embarazada y tuvo a su hijo. Se tatuó el nombre del chico y la fecha del nacimiento –9 de noviembre– en el hombro derecho.

–Era una relación de dos personas que se querían –dijo Walter Tomaselli a la televisión–. Tenían discusiones como puede tener cualquier pareja, pero nunca de gravedad. Siempre se mostraron cariño y respeto.

Las "discusiones" eran más bien situaciones donde las palabras precedían a los golpes. El criterio de normalidad que rodeaba a Carla Figueroa suponía la concepción tradicional de la mujer dedicada a criar a sus hijos y ocuparse de la casa. Marcelo Tomaselli demostró que cuestionar ese lugar suponía una infracción y la posibilidad del castigo.

No hubo un registro del deterioro del noviazgo, nadie pareció haberse enterado de que las cosas iban mal hasta que ella tomó la decisión de separarse y así salió a la luz una historia que hasta entonces había transcurrido en la intimidad.

–Cuando yo conocí a Carla con Marcelo él era un chico bueno, divino –declaró Stella Maris Quiroga–. Pero después todo cambió para mal.

El crimen abre un vacío de sentido y reabre el pasado en demanda de explicaciones. Por más exhaustiva que sea la pregunta, sin embargo, suele permanecer como un acto desfasado respecto de los posibles motivos, algo que erosiona las apariencias de la normalidad hasta exponer los hechos al desnudo.

Marcelo Tomaselli había tenido "un problema con las drogas". No habría podido superar la muerte de su padre. Ninguna de esas circunstancias, en realidad, permite comprender sus actos porque reducen el crimen a un problema exclusivo de una personalidad desquiciada y lo presentan como un hecho desviado respecto de lo que se entiende como normal, desprendido de la corriente de ideas y creencias que sostienen la vida cotidiana.

Los familiares o allegados de quien mata se sienten interpelados. La sangre los salpica. El crimen siempre plantea, con mayor o menor intensidad, la pregunta sobre cómo pudo evitarse y en consecuencia la pregunta, también, por la responsabilidad de quienes rodeaban al asesino.

La madre y el hermano de Marcelo Tomaselli reaccionaron con espanto ante el crimen, desbordados por una situación que parecían contemplar con el mismo estupor que cualquier extraño.

Rosana Muchiut le pidió a uno de los policías que llegó a su casa que sacara el arma y le pegara un tiro a su hijo.

–No lo quiero ver más –dijo, más tarde, ante los periodistas que la entrevistaban en la puerta de su casa–. No me duele que esté preso, me duele Carla, que le haya arrancado la vida de esta manera. La tengo presente a ella, no a él. Él que se pudra en la cárcel.

–Ya no nos interesa saber nada de él, solo que se haga justicia –reafirmó Walter Tomaselli.

Pero la idea de que Marcelo Tomaselli no era una persona agresiva, que no le había faltado el respeto a nadie, como sostenían sus familiares, solo podía sostenerse no en el desconocimiento de su verdadera personalidad –que no era ningún misterio– sino en la negación de los hechos.

Carla Figueroa lo había denunciado por violación. Había hablado de sus amenazas de muerte. La policía y la justicia lo sabían y, a través de la televisión, los hechos eran conocidos en General

Pico. La violencia de Marcelo Tomaselli había dejado de ser un secreto.

Y nadie se dio por enterado.

Alejandro Gilardenghi es juez de control de la Justicia de La Pampa. En 2011 se desempeñaba como fiscal.

–Cuando Carla Figueroa hace la denuncia por violación –recuerda– interviene la fiscal Ivana Hernández. Ella lo tiene en prisión preventiva y lo acusa por acceso carnal agravado por el uso de un arma. Un tiempo después, mientras la causa está en etapa de juicio, Carla pide una autorización y empieza a visitar a Marcelo Tomaselli, a retomar el contacto con él.

Hacer la denuncia había sido el primer paso para terminar con la relación que padecía. Carla no había estado sola en ese momento, y tenía presente lo que había pasado con su madre. Ahora parecía volver atrás.

–No te digo que no me enojé con ella –dijo Rosana Muchiut a propósito de Carla y la denuncia de violación–. Estaba resentida, después fui entendiendo las cosas porque soy mujer. Me puse en la piel de ella, y si mi hijo tenía que cumplir una condena que la cumpliera.

Según su relato, el 20 de agosto de 2011 Carla le envió un mensaje de texto.

–Quería hablar conmigo, traerme al nene, al que yo no veía. La acepté en casa, hablamos, todo tranquilo. "Hacé lo que tengas que hacer", le dije.

La fiscal Ivana Hernández la contradijo:

–Carla me contó que le tenía terror a Tomaselli y que ellos no tenían ningún contacto. Pero después, por el contexto social y económico en el que vivía, pudo haber una manipulación por parte de la familia de él. Ese entorno ayudó en la presión diaria, la familia Tomaselli no quería ver a su hijo detenido y entonces primero la convencieron de que le llevara a su chiquito y así volvieron a verse.

El abogado Armando Agüero se ocupaba del asunto a pedido del hermano de Tomaselli. Empezó por hablar con la fiscal Ivana Hernández.

–En estos casos de violencia de género hay una fase de luna de miel que aparece como regla –dice Alejandro Gilardenghi–. Carla empezó a creer que él iba a cambiar. Entonces plantea la posibilidad del avenimiento. Está claro que a ella no se lo pudo ocurrir la idea, porque para eso tenía que conocer el Código Penal.

Fue una idea de Agüero, según reconoció el propio abogado, aunque de un modo retorcido:

–Sabía que Carla y Marcelo tenían mucha relación y por eso se lo planteé a Tomaselli –aseguró Agüero, hoy fiscal general de la justicia de La Pampa–. Las comunicaciones entre ellos llevaron a que se concretara. Ella no vino a pedirme el avenimiento ni yo se lo propuse: se generó a través de Marcelo.

Sin embargo, Tomaselli negó haber tenido la iniciativa y su familia lo atribuyó a un deseo de Carla.

–Mi abogado jamás la presionó a nada –declaró Rosana Muchiut–. Carla dijo que íbamos a juicio, mi abogado contestó que estaba de acuerdo, y de golpe ella empezó a averiguar cómo hacer para sacarlo de la cárcel. "¿Por qué lo querés sacar?", le dije. "¿Querés que te diga algo? –me contestó– Lo amo a tu hijo, quiero verlo afuera, quiero formar una familia con él y mi hijo". Hizo lo imposible. Pero jamás la tuve amenazada.

Insistir en una negación suele ser una forma de afirmación. Sin embargo, las expresiones amorosas de Carla quedaron registradas en otros diálogos, en manuscritos, en mensajes de textos. Y también, al mismo tiempo, el terror que le inspiraba la relación, al punto de entrever la posibilidad de la propia muerte.

–Siempre la veía con el celular, llorando y agarrándose el estómago –dijo Stella Maris Quiroga–. La noche antes que la mataran fue al dormitorio de mi mamá, se sacó los anillos y se los dio. "Pase lo que pase quedate con Pedro, no se lo des a nadie", le pidió.

El único interés en juego era la libertad de Marcelo Tomaselli. En las primeras tratativas la defensa planteó un acuerdo de juicio abreviado, en el cual se cambiaría la carátula del caso a tentativa de homicidio. La fiscalía se opuso.

Carla temía por su vida y por la de su hijo. Tomaselli le había dicho que iba a matarla y ese había su plan, antes que la violación, según el mensaje de texto que le escribió a un amigo. Sin embargo, como otras mujeres en su situación, creyó en la posibilidad de una reconciliación. No pudo sostener la denuncia porque quedó librada a su suerte, desprovista de asesoramiento y de atención por parte del Estado y del Poder Judicial de La Pampa, y en ese contexto quedó apresada en los valores familiares coercitivos.

Para que el avenimiento fuera aceptado, debía ser ella quien lo presentara. Había que torcer la voluntad de Carla y llevarla a pedir por la libertad de su verdugo.

—El avenimiento era una especie de perdón que la Justicia daba si el agresor se casaba con la víctima y reparaba de esa manera, más que el honor de la mujer, el de la familia —explica Gilardenghi—. La mujer era una convidada de piedra, no tenía importancia lo que decidiera. Cuando se produce la reforma de 1999 subsiste como una figura un poco más moderna, porque ya no exigía el matrimonio y la reparación del honor. El juez debía evaluar que las partes estuvieran en situación de igualdad.

El 4 de octubre la Audiencia de Juicio de General Pico negó por unanimidad el recurso. Los jueces Alfredo Alonso, Florentino Rubio y Carlos Federico Pellegrino consideraron que Carla no estaba en condiciones de dar un consentimiento libre y pleno, por la situación de violencia que había vivido. Un informe de la psicóloga Mónica Pérez advertía sobre "el colapso" que le provocó la violación, cuyas secuelas "perduran en el tiempo", y la describía como una persona con características fóbicas y rasgos de indefensión y vulnerabilidad.

La relación de pareja había terminado y el avenimiento violaba convenciones de derechos de las mujeres con rango constitucional.

Carla lo había pedido sin que el abogado que teóricamente la asistía, su primo Raúl Quiroga, firmara el escrito.

El 18 de octubre Marcelo Tomaselli y Carla Figueroa apelaron la resolución judicial y diez días después se casaron ante la jueza de paz Marta Covella. El rechazo del avenimiento, según la argumentación del abogado Agüero, era "una violación al principio de igualdad e intimidad, una subrogación abusiva del interés público por sobre el privado, una revictimización y desinterés por los deseos de las partes involucradas, una actitud proteccionista y extrema que por exceso termina vulnerando la intimidad". El defensor de Tomaselli citaba una presunta frase de Carla: "Mi interés personal y mi deseo es poder superar esta situación para iniciar una vida en común, en familia y matrimonio junto a Marcelo y nuestro hijo".

El único fin del procedimiento, en realidad, era lograr la libertad de Tomaselli y el cierre de la causa por violación. La luna de miel terminó poco después del casamiento, como se desprende de los mensajes de texto guardados en el celular de Carla:

—Vamos a volver a vernos las caras —escribió el 14 de noviembre de 2011—, pero sólo para firmar los papeles del divorcio. Nunca vamos a estar juntos. Yo estaba esperando que salgas para intentar nuevamente ser felices, pero ya está. Aunque te vaya bien o te vaya mal, no es mi problema. Mi problema será olvidarte. Chau.

El caso llegó al Tribunal de Impugnación Penal de la provincia, integrado por los jueces Pablo Tomás Balaguer, Carlos Antonio Flores y Gustavo Adolfo Jensen. Alejandro Gilardenghi intervino como fiscal subrogante de Ivana Hernández.

—El 1° de noviembre de 2011 planteo que no es posible aplicar el avenimiento —dice Gilardenghi—, que se ejerció una presión sobre la víctima y que ella no tuvo ningún tipo de asistencia psicológica. El casamiento buscaba reforzar la idea de la reconciliación y era parte de la estrategia defensiva de Tomaselli.

Carla estaba "desamparada a nivel emocional, sin ningún tipo de protección o resguardo por parte de su círculo familiar o social". La convicción de que actuaba bajo presión resultaba clara porque "en reiteradas oportunidades sostuvo su interés en que Tomaselli recibiera una condena de prisión".

El juez Balaguer dijo que ella estaba en inferioridad de condiciones en relación a su esposo, por su historia de vida, su situación vulnerable y "en especial si tenemos en cuenta que la propuesta fue a instancia de Tomaselli por intermedio de quien ejerce su defensa, teniendo como único y excluyente motivo la inmediata libertad" del hombre.

Saltaba a la vista la falsedad de los sentimientos que se invocaban. Tomaselli había pedido en principio que le impusieran una restricción de acercamiento, porque sospechaba de sí mismo. Pero en la entrevista con los jueces de la Audiencia de General Pico, declaró sus presuntos sentimientos de afecto hacia Carla. Ella era el amor de su vida, y por eso se habían casado.

El juez Flores votó a favor porque consideraba cumplidos los requisitos de la ley: Carla era mayor de 16 años, había una relación previa con Tomaselli, ella había propuesto el avenimiento y la medida parecía el mejor modo de armonizar el conflicto. En un alarde de liberalismo progresista, retomaba los argumentos del abogado Agüero: "No debemos olvidar, por cierto, que por sobre el interés punitivo del Estado está el reclamo de la víctima a que se atienda sus intereses y participar en la definición de un conflicto que le es propio (…) Negar la posibilidad del avenimiento en tales condiciones significaría sustituir autoritariamente el interés y voluntad de la víctima por un interés público que resulta secundario en delitos de esta naturaleza".

Era la vieja idea de que los abusos y los maltratos se resuelven a puertas cerradas.

Balaguer y Flores habían tenido una entrevista personal con Carla. Ella les dijo a los jueces que pedía el avenimiento porque quería formar una familia. Lo que planteaba, sin embargo, no se correspondía con su forma de expresión, tímida y desganada. Jensen, a cargo de la presidencia del Tribunal, no llegó a conocerla. Pero no podía cometer el error, dijo, de negarle la oportunidad de perdonar a su agresor y de vivir con él si lo deseaba, "pues en definitiva nuestra tarea consiste en solucionar los conflictos que nos traen en la forma más armónica para el interés de las partes". El 2 de diciembre el Tribunal concedió el avenimiento y delegó en la Audiencia de Juicio de General Pico "la imposición de las reglas de conducta pertinentes y por el término que estime corresponder, a fin de verificar la efectiva convivencia" de los recién casados y "la implementación de controles asistenciales y psicológicos tendientes a evitar la producción de nuevos hechos de violencia de género entre los ahora consortes".

El asesinato de Carla Figueroa no fue un suceso sin antecedentes en la provincia de La Pampa.

–Tenemos un listado tentativo de 31 femicidios –dice Cintia Alcaraz–. Hay causas que ni siquiera se consideraron como tales, o que han sido absueltas.

La muerte de Mirta Demarco es uno de los casos impunes en esa lista. Tenía 34 años y ocho hijos, y sobrevivía como prostituta. En la noche del 5 de marzo de 2001 fue asesinada de una puñalada en el tórax y otra en el abdomen por Roberto Fabián Lescano, peón sordomudo y analfabeto. Agonizaba cuando la encontraron cerca de la laguna Don Tomás, en las afueras de Santa Rosa, semidesnuda "y con el cuerpo cubierto completamente de sangre", según el parte policial.

–Fue el mudo –alcanzó a decir antes de desvanecerse.

Lescano quemó la ropa que había usado en el momento "porque tenía sangre y le daba impresión", según declaró a través de un intérprete. Pero se le cayó el documento junto al cuerpo de la mujer, y allí lo encontraron los policías.

En el juicio, la fiscalía pidió nueve años de prisión por homicidio simple; la defensa, la absolución de Lescano por legítima defensa y tener en cuenta "una imputabilidad disminuida por la discapacidad que posee". Como no hubo testigos, el tribunal consideró "esencial" la declaración del médico forense.

El forense declaró que las heridas "pueden ser compatibles con la posición en que se encontrarían víctima y victimario" según la declaración adjudicada a Lescano, quien dijo que estaba acostado y Demarco sentada encima. La Justicia le creyó al asesino, "porque ella con la supuesta intención de conseguir más dinero lo había amenazado con un cuchillo y con eso puso en peligro la vida del tipo", se indigna Cintia Alcaraz.

Los jueces Abel Depetris, Carlos Alberto González y Filinto Rebechi valoraron incluso como prueba algo que nunca vieron: las manchas de sangre en la ropa y las zapatillas que quemó Lescano, dijeron, "también resultan compatibles con la posición en que se encontraban, según sus dichos".

Finalmente, los jueces expusieron abiertamente sus prejuicios de clase al comentar "una serie de circunstancias" que avalaban el descargo de Lescano según "las reglas de la sana crítica racional". El peón era una persona tranquila, que trataba de evitar los problemas, mientras en cambio la víctima realizaba una actividad nocturna "y no sería fuera de lo lógico que llevara un cuchillo para defenderse de sus eventuales clientes". En cuanto al móvil, "el Tribunal se pregunta, dentro de una lógica racional, ¿cuál habría sido la intención del imputado al atacar a la víctima?".

Los jueces no encontraron respuesta ni se esforzaron por su búsqueda. Escucharon a vecinos que declararon sobre "las características personales" de los protagonistas. El valor de la vida de Demarco, una mujer prostituida, les pareció menor en contraposición con el que representaba Lescano, una persona con un trabajo a la luz del día.

Lo que llamaron sentencia fue un conjunto de suposiciones basadas en prejuicios. La muerte que encontró Demarco, en "la sana crítica racional" de los jueces, estaba dentro de los riesgos de su oficio. La mujer pagó por la vida que llevaba. Lescano volvió al lugar del crimen para cometer otro femicidio. El 19 de agosto de 2014 los vecinos descubrieron el cadáver de María Guadalupe Puebla en un terreno descampado a orillas de la laguna Don Tomás. La mujer, discapacitada de 27 años y madre de tres hijos, fue violada y asesinada de un golpe en la cabeza.

Todavía estaba con vida cuando fue cubierta con tierra y ramas. En el cuerpo se halló semen, lo que permitió identificar a Lescano. Por el crimen fue además imputado el novio de la víctima, Walter David Baigorria, también sordomudo.

La vida de María Guadalupe Puebla transcurrió en la violencia y la extrema pobreza. Su familia se mudó de Toay por consejo de un empleado judicial después que uno de sus hermanos resultara asesinado. Vivía con sus padres, dos hermanos y sus hijos en un asentamiento vecino al relleno sanitario en la capital provincial. No había terminado la escuela primaria y sobrevivía como cartonera. Nunca llegó a saberse qué discapacidad padecía.

–La familia cuenta que se perdía –dice Alcaraz–. De vez en cuando se internaba, los médicos la estabilizaban y después la largaban, pero según la familia nunca les informaron qué problema tenía.

Baigorria fue desligado de la causa por falta de pruebas. Y Lescano afrontó un juicio oral que comenzó el 8 de marzo de 2016, cuando se conmemoraba el Día Internacional de la Mujer. La Justicia volvió a favorecerlo: lo absolvió del femicidio y lo condenó a doce años de prisión por abuso sexual.

En una audiencia previa al juicio declaró Mabel Remón, coordinadora del Programa Nacional de Asistencia para las Personas con Discapacidad en sus Relaciones con la Administración de Justicia. Analfabeto en lenguaje de señas, Lescano era incapaz de formar conceptos y de comprender significados; no entendía la relación del tiempo, "solo vive el día a día", y no podía interactuar con otras personas, sostuvo.

—En este momento no sabe que estamos hablando de él —dijo Remón al juez de control Mauricio Piombi, ante la presencia del acusado.

Lescano tampoco sabía cuál era su apellido. Al estar desprovisto de lenguaje, según Remón no tenía la potestad de mentir, no comprendía la relación de los actos personales con premios y castigos, estaba imposibilitado de premeditar cualquier acción. Por medio de señas, distinguía personas malas y buenas e indicaba que trataba de no juntarse con las malas.

Sin embargo, el proceso por el crimen de Mirta Demarco incluyó una declaración de Lescano a través de un intérprete. El relato del sordomudo fue detallado: "Expresa que a las 8 horas estaba en su casa tomando mate, y luego salió en bicicleta a las 9.30. Cerca de la laguna ve a una mujer que lo llama y le pide diez pesos para mantener relaciones sexuales, y que antes (Demarco) estuvo hablando con un señor en un auto azul. Caminaron hacia un lugar donde hay plantas grandes, él iba con su bicicleta al costado. Cuando llegan a un lugar, la mujer se saca el pulóver y lo pone en el suelo, bajándose el pantalón hasta la rodilla, diciéndole que se acueste".

Lescano solo pareció tener dificultades cuando le preguntaron por qué, como él decía, Demarco sacó un cuchillo. "Dentro de lo que resulta posible entender por parte del intérprete", señalaron los jueces, dijo que la mujer "quería más dinero".

Una pericia psiquiátrica ordenada por el crimen de Puebla concluyó que Lescano tenía un retraso mental "levemente discreto" pero comprendía la criminalidad de sus actos. El acto de quemar la ropa después de matar a Demarco ya lo había demostrado. Los vecinos declararon que ya había acosado a otras mujeres.

Para el fiscal Maximiliano Paulucci, el crimen de Puebla respondió al intento de ocultar la violación: María Guadalupe fue atacada en un descampado, abusada sexualmente y muerta de un golpe en la nuca; el asesino trasladó su cuerpo trescientos metros dentro del mismo terreno, hasta las orillas de la laguna, donde lo ocultó.

El Tribunal consideró que mediaban dos días entre el momento de la desaparición de la mujer y el hallazgo del cadáver, por lo que no podía adjudicarle el crimen a Lescano. En cambio, le impuso 12 años de prisión por el abuso sexual. Para la defensa había otros hombres involucrados y la investigación se había reducido al intento de cerrar el caso con un culpable. El 8 de marzo de 2017 el Superior Tribunal de Justicia de La Pampa revocó la absolución de Lescano por homicidio y ordenó un nuevo pronunciamiento "teniendo en cuenta el contexto de género que implica el crimen por odio a la mujer".

Cintia Alcaraz era pasante en el Poder Judicial cuando tuvo que asentar el archivo de la causa por el asesinato de Demarco. Después ingresó al Tribunal de Impugnación Penal y fue secretaria del juez Rebechi hasta que ocurrió el crimen de Carla Figueroa.

—Ahí rompí todo —cuenta—. Yo venía advirtiéndoles que el avenimiento era violatorio de los derechos humanos de las mujeres. El día anterior del femicidio, en una cena que compartimos con otros jueces y empleados, se lo reproché al juez Flores. Después, como los critiqué muy fuerte en la prensa y en las redes sociales, tuve que pedir el traslado. Me exiliaron en la Cámara del Crimen.

Rosana Muchiut había notado el día anterior la desaparición de un cuchillo marca Tramontina que acababa de comprar. No se preocupó, pensó que lo había sacado su hijo Walter para arreglar alguna moto, como solía hacer.

Cuando escuchó el grito desde la pieza del fondo de la casa creyó que Pedro se había dado un golpe. Despertó a la pesadilla que transcurría a pocos pasos, en la habitación donde Tomaselli se había encerrado con Carla y el nene.

Eran las 4.30 del domingo. Muchiut fue hasta el dormitorio y se detuvo antes de golpear a la puerta.

–Me despertó un llanto desgarrador del nene –declaró, en el comienzo del juicio oral, el 18 de junio de 2012–. Me levanté, empecé a llamarlos. Como nadie me contestaba, pateé la puerta, que estaba cerrada con llave. Mi hijo me abrió.

La habitación estaba a oscuras.

–Se prende la luz y mi hijo me da el nene con fuerza. Carla estaba parada. No vi sangre, no vi nada y no sabía lo que (mi hijo) estaba haciendo. Me fui a mi dormitorio con el nene, me puse contra la ventana, yo no sabía lo que hacía.

Ante una pregunta del fiscal reafirmó esa versión:

–No vi sangre, no vi armas, no vi lo que estaba sucediendo. Solo a Carla, paradita, que me miraba como diciéndome que la sacara de allí.

El punto de mayor oscuridad fue lo que Muchiut no pudo expresar en palabras: Carla tenía en brazos a su hijo mientras su esposo la apuñalaba.

El abogado Raúl Quiroga, que representó a la querellante Melina Reynoso, contrastó ese pasaje de la declaración de Muchiut con la que realizó el mismo día del crimen ante la policía de General Pico. En ese momento dijo que había visto a Carla "con todo el cuerpo ensangrentado".

–"Marcelo le abaraja el nene de la cama –leyó Quiroga– y se lo tira (a Muchiut). De repente agarra a Carla, la tira al piso, se le sube encima y la acomoda para seguir dándole manotones en todo el cuerpo. Le propinaba muy rápido esos golpes tipo puñaladas. Era una escena escalofriante. Lo hacía con mucha saña".

Pero la madre de Tomaselli lo negó.

–No vi sangre, no vi que la puso en el suelo –insistió.

Un instante después, desde el dormitorio, escuchó la voz de Marcelo Tomaselli.

–Ya está, ya está –decía.

Rosana Muchiut empezó a ver. La sangre impregnaba la ropa y las manos de Marcelo Tomaselli.

—Dame un beso —le pidió a la madre—. Me voy.

Tomó a su hijo y se sentó frente a la computadora.

—Cantaba "mi corazón está aliviado" —declaró Rosana Muchiut en el juicio.

José María Brandan y Rubén Hugo Portaluppi fueron los primeros policías en llegar a la casa luego que Muchiut llamara por teléfono al Comando Radioeléctrico.

Tomaselli fumaba un cigarrillo, con el nene en brazos y las manos ensangrentadas. Los dos estaban sentados frente a la computadora, en silencio. Su madre le gritaba sin que él respondiera más que unos balbuceos ininteligibles.

—La mató —dijo Muchiut, volviéndose hacia los policías—. No me animo a entrar —agregó, señalando la habitación.

Portaluppi le sacó a Pedro y se lo entregó a Walter Tomaselli, que acababa de llegar, un poco antes que los policías Jorge Cuadrado y Hugo Muñoz.

—Estaba en la casa de una amiga. Mi mamá me envió un mensaje de texto pidiéndome que fuera a ayudarla, que era urgente, que Marcelo se había mandado una macana —declaró Walter Tomaselli en el juicio.

En un nuevo mensaje de texto la madre le dijo que su hermano había matado a Carla.

—Cuando llegué lo vi en la computadora con el nene —agregó Walter Tomaselli—. Carla estaba tirada, ensangrentada. Tuve que calmar a mi mamá, que estaba muy alterada y pedía que mataran a mi hermano.

Brandan descubrió el cuerpo de Carla "con abundante sangre por encima y alrededor de ella". Había más sangre en la pared, el piso, la cama, el interior de la puerta. Y en el cuchillo, que estaba tirado por el suelo.

El médico forense Graciano Masó constató en la autopsia diecisiete lesiones de arma blanca y golpes. Tomaselli apuñaló a Carla en la mejilla derecha, el cuello, el pecho, el tórax y el abdomen; le provocó la perforación del diafragma, el hígado y la tráquea y seccionó la carótida izquierda.

El forense y los policías de la División Criminalística se asombraron de que apenas tuviera dos lesiones de defensa en las manos. Carla casi no se había resistido. También les llamó la atención que hubiera recibido varias heridas en el abdomen.

—Si una persona está siendo agredida automáticamente levanta los brazos como mecanismo de defensa —explicó el médico Masó.

Carla no lo pudo hacer porque fue acuchillada cuando tenía a su hijo en brazos.

El ataque comenzó en la cama, donde estaban sentados. Carla se levantó y trató de escapar con su hijo, pero tropezó con la puerta cerrada bajo llave.

En ese momento entró en escena Rosana Muchiut. Tomaselli le entregó el nene y volvió a encerrarse con Carla. La apuñaló hasta que ella quedó inmóvil en el piso, semidesnuda, boca abajo.

El análisis de alcoholemia y sustancias tóxicas le dio negativo.

—Cuando le tomamos la indagatoria —recuerda Alejandro Gilardenghi—. Tomaselli planteó que no estaba en condiciones. Al otro día se abstuvo de declarar por consejo del abogado.

Armando Agüero había renunciado a la defensa. "Abusó de la confianza de quienes creímos en él", declaró para zafar de la polémica que lo rodeaba como gestor del avenimiento. En su reemplazo fue designado el defensor oficial Walter Vaccaro.

Marcelo Tomaselli dio su versión de los hechos en un video en el que contó con la participación de Selene Palavecino, una joven que invocaba diversos títulos profesionales y en definitiva no tenía ninguno, y un hombre que hablaba en off.

Tomaselli se presentó entonces como una víctima. Su imagen era de la de un hombre desgarrado por el llanto y el dolor que no alcanzaba a comprender la situación en la que estaba, como si fuera objeto de un castigo inexplicable.

–¿Qué hice mal? –preguntaba–. ¿Qué le hice?

Repetía las palabras con que había anunciado el crimen:

–Yo sufrí mucho. Pero ya está. Ya está.

El video se publicó en la web el 9 de abril de 2012. La entrevista, filmada en la comisaría 3ª de General Pico, exhibió una discreta puesta en escena. Tomaselli se mostraba cabizbajo y en llanto ante una cámara fija, pero a la vez parecía seguir un guión memorizado.

El registro fue editado en varias partes, separadas con placas que apuntaban a situar diversos momentos en su relato, y supuso una especie de adelanto del argumento que expondría en el juicio el abogado defensor, la emoción violenta.

El viejo truco para exculpar crímenes de género se combinaba con otro recurso también conocido, el de la amnesia. Uno y otro se requieren mutuamente para construir la figura del hombre que reacciona a través del asesinato contra la mujer que, como se dice, lo saca de quicio.

–Desperté en la comisaría 2ª, atado en un banco, enchastrado de sangre –aseguró Tomaselli–. Me levanté asustado, pateé la reja y llamé al encargado. No entendía nada, preguntaba por qué me tenían así. El oficial me dijo si yo lo estaba cargando: "Mataste a tu mujer".

Era una forma de amnesia que comenzaba y terminaba de golpe, carecía de recuerdos difuminados en el medio y no reconocía un disparador preciso. Una forma inexistente, en realidad. El psiquiatra Martín Telleriarte dijo que no tenía "ningún correlato claro y concreto con la posibilidad de algún cuadro clínico".

Las razones que Tomaselli esgrimía como negación –según su punto de vista no hubo violación y más que una relación consentida fue una incitación de Carla a tener sexo– y como justificación de su acción –Carla había tenido relaciones con otro hombre– no probaban más que las ideas y los valores según los cuales el asesinato era una especie de juicio y castigo reunidos en un solo acto.

Palavecino, "tanatóloga" según sus credenciales imaginarias, apareció con una carpeta en la que parecía tener el expediente o los documentos del caso. Hizo de apuntadora y por momentos interpretó la propia voz de Tomaselli.

–"Yo sabía que ella me engañaba, pero no entendía el por qué" –dijo, leyendo de la carpeta.

Tomaselli lloraba, se ocultaba el rostro.

–Ella me dice que sí, es verdad, que me engaña, "pero perdoname" –relató, con la voz quebrada–. Yo decidí separarme de nuevo. Días después la voy a buscar al trabajo y nos fuimos. Discutimos, como siempre, después nos arreglamos. Ella me pide ahí mismo tener relaciones sexuales. Yo le dije "¿acá vamos a hacer el amor?" "Sí", me dijo. Yo le pregunto…

–"¿Te cuidás?" –intervino Palavecino.

–"¿Te cuidás?" –repitió Tomaselli–. "No, no salgas". Ella me pidió un hijo para demostrar que me amaba. Y yo le creí.

–"Y no me cuidé" –leyó, o hizo que leía Palavecino–. ¿Continúo, Marcelo?

–De ahí me llevó a mi casa –siguió Tomaselli, sin vacilar, como si tuviera bien aprendida su parte en el diálogo–. Yo estaba sin fuerzas, no daba más, no me podía mantener parado. Ella me ayuda a bañarme, yo no podía estar parado. Me ayuda a cambiarme, me lleva a acostarme, me da un beso y me dice "mañana vengo con el gordito".

–¿Volvió, Marcelo?

–No –Tomaselli lloró de nuevo y bajó la cabeza–. Llega la policía a mi casa y me dice que los tenía que acompañar. Vamos a la comisaría y me dicen "loco, estás detenido". Y yo pregunté por qué. "Porque violaste a tu mujer".

Palavecino le apoyó una mano en el hombro, como si quisiera darle ánimos.

–Se me vino el mundo abajo –siguió Tomaselli, entre sollozos–. No lo podía creer, no entendía nada.

Sus gestos, su postura, eran los de un hombre arrasado. Y en un punto parecía, como protestaba, que estaba hablando de algo verdadero: la denuncia de Carla cuestionaba el derecho que él se asignaba en la relación de pareja. No importaba la voluntad de separarse ni la denuncia de violación: ella le pertenecía y al haber intentado una relación con otro hombre le había sido infiel. La aparición de la policía en su casa venía a decirle que estaba fuera de la ley. El mundo que se desmoronaba era el de los valores tradicionales.

La edición del video apuntaba hacia supuestos núcleos de sentido en la historia con Carla:

–¿Cuál fue el momento más feliz de la relación? –preguntó Palavecino en otro pasaje del registro, como si tomara una lección.

–Cuando me dio un hijo –contestó Tomaselli, tomándose la cabeza–. Pensé que todo iba a ser distinto.

El hijo como propiedad y como un nuevo cargo contra Carla, que se lo había dado y era responsable de habérselo quitado.

–¿Distinto en qué sentido?

–Que ella iba a cambiar. En todo lo que hacía.

–¿Qué hacía?

–Nada. Fumaba, tomaba mate y escuchaba música. Esa era su vida. La familia me veía a mí lavando ropa, ordenando la pieza, limpiando el baño y la cocina, y la propia familia le decía "Carla, eso te corresponde a vos como mujer". Pero a ella no le importaba nada. Cuando yo me ponía a limpiar, ahí entrábamos a discutir. "No, dejá, yo limpio", me decía. "No, qué estás esperando, ¿que yo empiece a hacer las cosas que vos tenés que hacer para empezar a hacerlas?".

–¿Siempre fue así la relación? –intervino el hombre que presenció y tal vez supervisó la entrevista, en off.

–Yo la amaba. Ella y mi hijo son todo para mí. Son mi vida. Pero ya no sabía qué hacer. No sé qué quería de mí. No sé qué buscaba.

Tomaselli no entendía lo que se le presentaba como un orden al revés, donde él tenía que encargarse de las tareas domésticas porque

Carla no quería ocuparse de ellas. La había amado, argumentaba, hasta que no supo cómo corregir esas infracciones. El crimen asomaba entonces como último reaseguro de ese mundo que se venía abajo, aquello que no había conseguido a través de la violación.

En otro pasaje de la entrevista Tomaselli contó que Carla lo llamaba por teléfono a la comisaría donde estaba preso por la violación. Una noche, el celular "se prendió solo" y escuchó a Carla mientras mantenía relaciones sexuales con otro hombre.

—No hace falta que entre en detalles, ¿no? —dijo, con tono patético.

—¿Querés entrar en detalles, Marcelo? —preguntó Selene Palavecino.

—Se escuchaba todo. La voz de él, la voz de ella, cómo gozaban, se me cagaban de la risa.

La ofensa a su condición masculina se potenciaba, además, al realizarse delante de la comunidad carcelaria. Los presos habían sido testigos de aquello que ponía en entredicho su hombría.

—Todos sabían lo que yo estaba viviendo, lo que yo escuchaba. Escucharon todo —agregó, antes de un nuevo acceso de llanto.

—Marcelo, ¿continúo?

—Sí.

—"Todos escucharon"...

—Yo la empiezo a llamar. Nunca me pude comunicar. Al otro día me viene a ver, llorando, y me pide perdón. Yo, como un boludo, la perdono. Siempre había soñado con una familia, pero no entendía cómo me hacía todo eso. Ella y mi hijo eran mi vida. Quería tener una nena, que se iba a llamar...

—Mía Cristal —leyó la "tanatóloga".

—Mía Cristal —repitió Tomaselli, casi a la vez—. Yo vivía para ella, ella es muy celosa, todos los trabajos que tuve los tuve que dejar.

—Por ella —subrayó su interlocutora—. Todos.

—Cuando estabas detenido, en la comisaría 3ª, ¿ella trataba de recomponer las cosas? —intervino el hombre que seguía el diálogo, de nuevo en off.

–Ella fue llorando y me pidió perdón por todo lo que pasaba y por todo lo que hacía. Como un boludo, la volví a perdonar.

–¿Ella intentó hacer el trámite para que se casaran o fue propuesta tuya?

–No, no fue una propuesta mía.

En esta construcción que invertía los acontecimientos para presentarse como víctima, Tomaselli agregaría una nueva ficción: Carla le había hecho creer que estaba embarazada y había perdido el bebé, pero en realidad se trataba del hijo de otro hombre.

La repercusión del video, sin embargo, no se debió a las explicaciones que intentaba presentar Tomaselli sino a un breve diálogo en el que mostraba su verdadero rostro bajo la máscara del llanto.

–Si estuviera acá, ¿qué le dirías? –preguntó Palavecino.

–¿A quién?

–A Carla.

–La volvería a matar.

Parecía contradictorio con sus propósitos de presentarse como víctima o de buscar una opinión más favorable después que, como se quejaba, "escucharon una sola campana y me arruinaron por toda Latinoamérica". Pero para él se trataba de reafirmarse en su propia ideología. El crimen no tenía reproche.

Después de hacer la denuncia por violación, Carla intentó afirmarse en su separación de Tomaselli. En febrero había conseguido trabajo como niñera y a fines de mayo comenzó una relación informal con César Elías Goss, un agente de policía que trabajaba en la comisaría de Eduardo Castex.

Se conocían desde un tiempo antes. Carla lo había puesto al tanto de cómo era su vida con Tomaselli. Le contó que discutían, forcejeaban y él le pegaba. Tenía miedo, pero quería independizarse.

Hasta el momento de la separación habían convivido con la abuela de ella. Tomaselli le pedía por favor que volviera con él, y a la vez le decía que la iba a matar si no le obedecía. Todo iba a cambiar, según sus promesas. Pero las declaraciones de amor se transformaban bruscamente en nuevas amenazas: no la iba a dejar tranquila, si ella se mantenía en su posición.

Goss había observado que a veces ella tenía moretones y rasguños en distintas partes del cuerpo. La relación terminó cuando Carla empezó a visitar a Rosana Muchiut.

—En un primer momento ella me decía que no lo podía ver a Tomaselli, que tenía que pagar por lo que hizo —declaró Goss en el juicio—. En parte se contradecía. Después empecé a ver que frecuentaba cada vez más la casa de la madre de él, hasta que en un momento las visitas se hicieron diarias. Pasaba mucho tiempo en la casa de la madre. Después me enteré que había ido a visitarlo a la alcaldía, a llevarlo al nene. Había cosas que yo no sabía y decidí cortar la relación..

Carla pareció encontrar en Rosana Muchiut una figura que ya no podía representar su abuela, por una cuestión de edad. Y si primero quería que Tomaselli fuera castigado por el abuso del que la había hecho víctima, pronto manifestó su frustración por las dilaciones de la Justicia y quiso cerrar ese trámite.

—Después de las negociaciones por el juicio abreviado, Carla le dijo en una audiencia a la fiscal Hernández que quería terminar porque no le daban una respuesta —declaró el abogado Armando Agüero.

La Justicia de La Pampa recién se pronunció sobre la violación a fines de 2014, tres años después del asesinato de Carla. En el expediente que siguió a la denuncia presentada en mayo de 2011 se cumplieron, en principio, algunos procedimientos de rigor. Marcelo Tomaselli fue sometido entonces a una pericia psiquiátrica y Carla Figueroa se entrevistó al mismo tiempo con la psicóloga.

Pero esas acciones quedaron como formalidades sin ninguna consecuencia sobre los hechos. Tomaselli, según observó el médico José Marcos Koncurat, mostraba "marcada inquietud y hostilidad" y una actitud psicopática y manipuladora desprovista de sentimientos de culpa o arrepentimiento; presentaba "marcada tendencia a las conductas impulsivas" e "intolerancia a la frustración" y requería "un prolongado tiempo de asistencia". Carla sufría un shock postraumático a causa de la violación, según el informe psicológico, pero no recibió ningún tratamiento.

La fiscal Hernández recordaría que se presentaba siempre sola en su oficina. También la vio así la jueza de paz Marta Covella en el Registro Civil de General Pico:

—No la atendí personalmente, la atendieron las empleadas que están a cargo del área de matrimonio, pero bueno, me contaban que fue sola siempre —declaró la juez Covella—. A veces van juntos los novios, o la novia va con la mamá, o va con la futura suegra, pero en este caso ella iba sola, sola...

Carla se aferró a la esperanza de un cambio en la relación con Tomaselli porque no tenía otra opción. Amaba a su hijo y extendió ese afecto a quien acabaría con su vida en un intento de resolver una situación en la que se encontró sin salida. La defensa del femicida, la del juez Flores en el jury que enfrentó por el avenimiento y Armando Agüero en su declaración como testigo enfatizaron en esas demostraciones, no para comprender los motivos de Carla sino para justificarse a sí mismos.

Fue Carla quien pidió autorización para visitar a Tomaselli en prisión, el 6 de octubre de 2011. Fue ella quien hizo las gestiones en el Juzgado de Paz de General Pico para el casamiento. Como si hubiera sido libre en cada una de esas acciones.

La jueza Covella la conoció el día del casamiento.

—Vi a una niña sola, triste, sin nadie de su familia —declaró.

Las discusiones y el malestar en la pareja continuaban. Los mensajes de texto del celular de Carla mostraron que Tomaselli renovaba sus amenazas, reavivaba el odio que le había provocado la denuncia por violación y anticipaba el crimen.

–Te tengo que encontrar –le escribió Tomaselli en un mensaje de texto enviado el 14 de noviembre de 2011–. Ustedes son mi vida. Los voy a encontrar. Sé que mi corazón era rojo, hoy es negro.

Stella Maris Quiroga contó en el juicio que Carla le hizo escuchar una conversación telefónica que mantenía con Tomaselli.

–Hija de puta, me la vas a pagar –anunció entonces el hombre–. Me hiciste ser señora de todos los presos.

Y cuando Quiroga aclaró que era ella quien sostenía el celular "Tomaselli cambió de conversación y empezó a hablar de la Biblia".

En las visitas a la comisaría ella llevó un cuaderno donde le dejaba mensajes. Allí escribió Carla:

Decime si esto que siento por vos y todo lo que he hecho por esto que siento! Decime si no es amor!!... A pesar de todo cuando hablé con los jueces les pedí por favor! A los jueces que nos ayudaran, les dije llorando que yo te amaba muchísimo, que te quería con nosotros, que vos y mi hijo en mi vida que mi familia lo es todo para mí... por favor les pedí... Te juro que es una lástima mi amor que siempre haya algo malo entre nosotros con todo lo que nos amamos.

–En esos encuentros Tomaselli le recriminaba la situación de "inferioridad" que vivía en la cárcel, la imposibilidad de asumir plenamente su paternidad y la humillación pública a la que se veía expuesto –dicen Magadalena De Santo y María Luisa Femenías en una reflexión de género sobre el caso–. Básicamente, la culpaba tanto por haberlo encerrado como por repetir la historia de una "familia deshecha" debido al padre preso.

Ya no la llamaba puta. Ahora la tildaba de mala madre.

Entre el 13 y el 14 de noviembre hubo una ruptura, según los mensajes que intercambiaron por el teléfono celular.

—Entendiste cualquier cosa y es simple —escribió Carla el 13 de noviembre—: *Yo no tengo por qué seguirte el juego. Si querés confiar en mi hacerlo y si no confias manejate. Ya estoy harta y no pienso estar así. O confiás en la mina que te dio y te está dando todo o hacé lo que se te cante. Porque no yo quiero terminar mal y no voy a volver a llegar a tal punto.*

Diez minutos después le contestó Tomaselli:

—Si no confiás no estaríamos juntos ni me hubiese casado. Y dale con que te voy a hacer otra vez daño. No entendés que ustedes dos son mi vida y lo único que quiero es ser y hacerlos felices.

Carla no se engañaba con tales palabras:

—Mirá, hasta que pasó lo que pasó yo también pensaba que nosotros éramos todo para vos. Y sin embargo mirá lo que pasó —le contestó.

El 14 de noviembre, Carla le envió un largo mensaje ante un planteo de celos de Tomaselli por la relación que ella había tenido con César Elías Goss:

—Mirá, por ultima vez, no estoy con nadie y no tenés ni la más mínima idea quién es la persona que me dijo las cosas como son. Esa persona de la que me hablás no me va a volver a hablar porque dejé todo por vos.

En el mismo mensaje demostró que vislumbraba su propio final.

—La persona que me dejó las cosas claras me dijo "separate aunque duela porque esto es enfermizo y él va a terminar con vos, él preso y vos en un cajón" (...). La persona que me dijo eso es otra, no la que vos pensás. Creo que nunca te vas a imaginar quién fue, pero no importa, y Elías jamás me manejó, date cuenta o reventá. No le volví a ver la cara, él no sería el segundo de nadie. Lo dejé por vos, hace mucho. Ojalá algún día se lo preguntes.

Sin haberse reencontrado con su esposo, Carla ya quería separarse.

—No puedo rehacer mi vida con nadie más por el amor que te tengo. Lo único que importa es lo que mi corazón sentía. Más allá de que sabía que perdía todo, yo te elegí a vos, pero ya está. No me molestes más. Hacé de cuenta por favor que no existo.

La respuesta de Tomaselli llegó quince minutos después:

—Así que me vas a ayudar con todo esto para estar con mi hijo. Y dale dale, seguí pensando pelotudeces de mí que te voy a matar. Andá a cagar sabés y gracias igual. Si querés el divorcio solo decímelo. Chau, no te molesto más.

Sin embargo, en un mensaje de texto enviado a una amiga el 30 de noviembre de 2011 Carla se mostró convencida del paso que había dado al casarse con Tomaselli: "Nada justifica lo que él hizo… simplemente supe perdonar.. Es un tema que creo nunca vamos a poder hablar juntas porque no lo entenderías". En otro, enviado a la misma amiga y el mismo día, aludió a la situación planteada por el rechazo inicial de la Justicia al avenimiento: "Si por eso agradezco tu esfuerzo por no gozarlo... te comento que mi sueño de tener mi familia conmigo se derrumbó y mi sueño de pasar una vida al lado de la persona que amo también se derrumba porque mal que que le pese a todo el mundo (…) vos más que nadie sabe que Marcelo es la persona que más amo en la vida junto a mi gordito. Fui capaz de perdonarle cualquier cosa por amor no por locura y lo único que quiero es estar junto a ellos".

—El 2 de diciembre, cuando Tomaselli quedó libre, Carla fue a buscarlo a la comisaría —dijo el abogado Agüero—. Hasta el viernes antes de la muerte sé que anduvieron todo el tiempo juntos. Esa noche estuvieron en la plaza y andando en moto. En esa semana vinieron tres veces al estudio. No sé si la relación era afectuosa, pero yo no vi inconvenientes.

—Un viernes a la noche mi mamá me llama por teléfono diciéndome que fuera a mi casa, que había una sorpresa —recordó Walter Tomaselli en el juicio—. Mi hermano había salido en libertad, y estaba con Carla. En esa semana no noté discusiones ni nada que me hiciera levantar sospechas. Iban a visitar la tumba de mi papá, la tumba de la mamá de ella, decían que estaban bien, que buscaban algo para alquilar. No vi ninguna anormalidad.

Pero lo que no podían observar estaba a la vista.

–Sé lo que todo el mundo sabe, vio y escuchó –dijo Tomaselli en el juicio oral, el 18 de junio de 2012–. Quiero que me condenen por algo que sé que hice, porque tuve la evidencia en mis propias manos.

Parecía referirse a la sangre de Carla Figueroa.

–Me declaro culpable, me hago cargo –agregó, ante una pregunta del fiscal Alejandro Gilardenghi–. Pero no me acuerdo de lo que pasó. No tengo nada que decir.

Insistía en que sus recuerdos comenzaban en el momento en que había despertado en la comisaría 2ª.

–Desde el punto de vista probatorio, el caso estaba resuelto en el mismo momento en que pasó –dice Gilardenghi–. Estaba el arma en el lugar del hecho y la madre declaró como testigo. Pero él alegaba tener una especie de situación psiquiátrica, decía que estaba como ido en el momento.

Gilardenghi pidió que se lo condenara por homicidio agravado por el vínculo. Todavía no se había introducido la figura del femicidio como otro agravante para los casos de homicidio en el artículo 80 del Código Penal.

El abogado Vaccaro alegó que Tomaselli había actuado bajo una emoción violenta que se transformó en amnesia. Carla había admitido la falsedad de la violación y su infidelidad mientras él estaba preso, y esa confesión había desatado "la explosión".

El defensor citaba una parte de la declaración de Rosana Muchiut –"mi hijo estaba transformado, con los ojos salidos para afuera, todo hinchado"– y el testimonio de un policía que lo observó en estado de shock.

Necesitaba impugnar cualquier indicio de premeditación.

–La desaparición del cuchillo es una estrategia de la madre para cubrirse –aseguró Vaccaro–. Por algún descuido lo pudo haber dejado en la habitación –conjeturó–. Es muy extraño lo que dice, es para salvar un poco su responsabilidad.

Todavía más extraño sonó su argumento para negar que Carla hubiera recibido las puñaladas cuando sostenía a su hijo: "hay un elemento que es el celular que se encontraba en el borde de la cama", dijo. El ataque, según su especulación, se desencadenó cuando Carla tomó el teléfono "para mandar un mensaje o llamar".

–¿Ya había intentado quitar la vida de Carla Figueroa? –preguntó Gilardenghi.

–No. fue solo un susto –contestó Tomaselli.

–¿Puede hacer un relato de lo que ocurrió esa noche? –insistió el fiscal.

–Ella estaba rara. Quería hablar conmigo, no sabía por dónde empezar. Al final me pide disculpas por haberme denunciado por algo que jamás pasó, por haberme engañado. Me dijo que el bebé no era mío, que todo lo que yo escuchaba cuando hablaba con ella en la comisaría era todo verdad y que me seguía engañando.

Era una declaración que Tomaselli ya había ensayado, calcada del video en el que dialogaba con Selene Palavecino.

–Esa noche ella estaba rara –le apuntó la "tanatóloga".

–Estaba rara –repitió Tomaselli.

Palavecino miró fuera de cámara, como si esperara instrucciones.

–Nos sentamos afuera a tomar unos mates y yo esperaba lo que ella quería decir –siguió Tomaselli–. Me pide que volvamos adentro. Entramos a la pieza, nos sacamos la ropa, se sienta en la cama y me dice, se empieza a confesar: "Perdoname por haberte acusado en algo que nunca sucedió, perdoname por haberte metido los cuernos, el hijo que yo perdí no era tuyo".

Y de ahí sus recuerdos pasaban a un banco de madera, las rejas, la sangre en las manos, el policía que lo ubicaba en la realidad: "Mataste a tu mujer".

–¿Por qué tenía un cuchillo en la habitación? –preguntó el fiscal.

–No recuerdo que tuviera un cuchillo.

Terminó la declaración como si se ofreciera a un sacrificio y a la vez negando su responsabilidad:

—Me hago cargo de lo que dice todo el mundo. Pero no me acuerdo del hecho.

La confesión que le adjudicaba a Carla, en realidad, era una elaboración todavía fresca de la defensa. En las entrevistas que Tomaselli sostuvo con el psiquiatra Telleriarte "no surgió ningún registro de peleas, discusión o situación que pudiera operar como efecto gatillo a partir de una situación imprevista y particularmente intensa que produzca una conmoción emocional tan intensa que desate un cuadro amnésico".

En su "curiosa confesión", como la calificó el Tribunal, Tomaselli asumía la autoría de la muerte porque los otros le señalaron que era responsable y al despertar de su presunto sopor todavía tenía las manos ensangrentadas. Al admitir la culpa parecía allanarse a la sanción de la sociedad.

Pero la amnesia que alegaba Tomaselli era en su discurso una prueba de la emoción violenta que lo había asaltado y en consecuencia un atenuante. Y eran sus propias palabras las que la desmentían: la euforia que le produjo el crimen, la alegría y el alivio que exteriorizó ante su madre, demostraban que había actuado con plena conciencia, "que albergaba un sentimiento de muerte", dijeron los jueces, y estaba plenamente satisfecho.

Si los otros querían una respuesta, el asesino tenía una pregunta:

—¿Qué hice?

Cuando Carla habló, cuando se animó a desafiar a su medio y a su propia historia, no fue escuchada.

No la escuchó la Justicia, que se desentendió de su denuncia. No fue escuchada por el periodismo, aunque pusieran una cámara a su disposición. Tampoco por el propio abogado, que se pronunció en contra del avenimiento pero no se opuso a que firmara lo que resultó su condena de muerte. Tampoco por los jueces que sellaron ese acuerdo con consideraciones autocomplacientes.

Pero a partir de su muerte, su victimario, los que la rodearon, incluso los mismos jueces, le adjudicaron ideas, frases, pensamientos. La hicieron hablar para salvarse ellos mismos como fuera.

Las respuestas que recibió llegaron a destiempo y fueron parciales: el avenimiento fue derogado por la Cámara de Diputados de la Nación el 21 de marzo de 2012; el juez Jensen renunció para evitar un jury y su colega Flores salió absuelto y pudo continuar en funciones hasta jubilarse en mayo de 2018; Tomaselli recibió una condena de nueve años de prisión por abuso sexual agravado, en diciembre de 2014.

Marcelo Tomaselli tuvo la última palabra en la audiencia del 19 de junio de 2012. Antes de escuchar la sentencia que lo condenó a prisión perpetua por homicidio agravado por el vínculo, pidió perdón y volvió a ubicarse en la posición de una víctima:

—Lo que a mí me pasó no se lo deseo a nadie.

Los abusadores suelen ser grandes moralistas. No justifican sus actos en base a perversiones o conductas desviadas sino, por el contrario, como acciones para restaurar un orden que imaginan lesionado.

La violación fue así el primer castigo que le impuso Tomaselli a Carla, por su deseo de separarse y llevar una vida independiente. Al someterla a su autoridad, reafirmaba su lugar de hombre y recuperaba el poder que sentía perdido.

La denuncia y la prisión potenciaron su odio y cambiaron el escenario. Aquello que Tomaselli pudo alucinar como un fantasma —la comunidad masculina de la que se creía desterrado— se concretó ante la presencia de los presos. La violación es el escalón más bajo en el orden jerárquico de la cárcel y los violadores tienen reservado un castigo que Tomaselli agregó a los cargos contra Carla:

—Me hiciste ser la señora de todos los presos.

Tomaselli tampoco recibió ninguna atención por parte del Estado y de la Justicia. Simplemente se lo mantuvo encerrado. La familia se quejó de que no hubiera seguido el tratamiento psicológico recomendado por el psiquiatra que lo examinó. Y mientras estuvo preso rumió sin pausa su odio contra Carla: se declaraba agredido en su integridad moral por las infidelidades que le atribuía; era ingenuo, romántico y estaba dispuesto a perdonar, mientras ella le faltaba el respeto e infringía una y otra vez lo que él consideraba una ley; sentía afectada su virilidad por el hecho de ocuparse de las tareas domésticas.

Nunca se mostró arrepentido. Matar fue su forma de recuperar la virilidad, y puso como testigos a su hijo y a su madre. El sacrificio de Carla no surgió de un impulso sino que fue anunciado y proclamado a través del tiempo y muchos pudieron advertir ese aviso antes que Marcelo Tomaselli se encerrara con ella en la pieza donde la asesinó.

La nota se publicó en *Clarín* el 25 de agosto de 2015 bajo el título "Femicidios: es altísimo el riesgo en el momento de retirar pertenencias". Estaba ilustrada con una foto de Fernando Farré y Claudia Schaefer, los protagonistas del caso conocido como *el femicidio del country*. La advertencia seguía en la bajada: "Lo mismo ocurre cuando se hace la denuncia o se dicta una exclusión. Afirman que se deben extremar los cuidados". Elke Yvars Beck leyó el artículo en la edición *on line* y lo imprimió en su oficina, en la embajada de Alemania.

En su casa, más tarde, releyó la nota con un resaltador a mano. Subrayó parte de las declaraciones del abogado Julio Torrada. "La mujer que denunció a su pareja y necesita sacar sus cosas de la casa común puede y debe pedir que la acompañe la policía, que saquen al agresor afuera si es que está en la casa", decía el entonces director de la Fundación Wanda Taddei. También aconsejaba que "si tiene que llevarle a los chicos, puede hacerlo a través de trabajadores sociales o con ayuda de familiares", y el trazo del resaltador lo destacó del texto.

Elke guardó otros dos impresos en sus papeles, bajados de internet. Uno de los textos enumeraba los rasgos que definían "la comunicación perversa": allí subrayó "burlarse de sus convicciones, de sus ideas políticas y de sus logros"; "hacer guasa con sus puntos débiles"; "hacer alusiones desagradables, sin llegar a aclararlas nunca"; "poner en duda sus capacidades de juicio de decisión".

El segundo era un test para identificar personas manipuladoras. Elke marcó con una cruz los ítems "No soy tan espontánea como antes"; "Siento que he perdido el entusiasmo"; "En su presencia no puedo sentirme relajada"; "Siento que he perdido la confianza en mí misma"; "Me siento en un estado de confusión"; "Padezco una sensación de carencia o vacío interior"; "Me desconozco a mí misma"; "Siento ansiedad y/o frustración"; "Dudo lo aceptado por mi propio pensamiento"; "Me siento en un círculo vicioso de pensamientos culpógenos"; "Siento una voz crítica interior de autocensura"; "Siento deseos de escapar. Tengo la sensación de estar como congelada, paralizada"; "Tengo temor a enloquecer". Solo dejó en blanco un casillero: "Siento que he perdido la aptitud para ocuparme de otras relaciones interpersonales".

También subrayó con el marcador la frase "personas escrupulosas con tendencia natural a culpabilizarse". El texto identificaba así a lo que llamaba "la víctima ideal" de violencia de género.

Claudio Ángel López Rossi nació en Buenos Aires el 9 de octubre de 1962. Cursó la primaria y la secundaria en el Colegio San José de Calasanz, en Caballito, el profesorado de enseñanza primaria en el Instituto Superior Marista y el de educación física en el Instituto Privado Isefi. Y empezó y dejó sin terminar la carrera de ingeniería civil.

Trabajó desde joven, primero como preceptor en la escuela Lasalle y después como docente de Educación Física. También se desempeñaba como profesor de Catequesis para niños y adultos. Iba a misa en la Iglesia San Cayetano, del barrio de Belgrano, y había tenido una especie de revelación mística, según contaba, una vez que se le apareció la Virgen María mientras manejaba su auto.

En su perfil de LinkedIn se presentó como "Profesional del Derecho, Periodismo, Educación" con aptitudes y valores ideales: "Poseo actitud de liderazgo, capacitación constante, creatividad, formación multifacética, carácter proactivo y gran flexibilidad para adaptarme en entornos diferentes. Alta ética profesional-personal. Lealtad en todos los ámbitos de actuación. Humildad y abnegación en la tarea cotidiana, enseñado y aprendido en el seno familiar".

En 1988 se casó con Andrea S. Fueron a vivir a un departamento en el sexto piso del edificio de Amenábar 1870, en Belgrano. Tuvieron un hijo, Daniel, pero el matrimonio no funcionó. Pese a las disquisiciones habituales de López sobre los valores de la familia cristiana, las desavenencias se agudizaron después del nacimiento del chico.

–Mirá que te podés caer por el balcón algún día –le dijo él a su esposa, en medio de una discusión, sin perder la suavidad característica de su tono de voz.

Se divorciaron en 1994. López se sintió abatido, pero también furioso. Responsabilizaba a su mujer por el fracaso del matrimonio: ella había tomado la decisión de irse de la casa, primero, y de formalizar la separación con el divorcio, después.

Conoció a Elke Yvars Beck en el año 2000. Ella era alemana, tenía 34 años y vivía desde 1996 en la Argentina. Él estudiaba abogacía en la Universidad del Salvador; pese al tiempo transcurrido, todavía se mostraba afectado por la separación de su primera esposa y los encuentros eventuales lo ponían de mal humor.

Eran una pareja llamativa: él, alto, robusto, de espaldas anchas, al punto que se necesitarían tres policías para ponerle las esposas; ella, de estatura mediana y apariencia frágil. También contrastaban por su forma de pensar: él se proclamaba católico y decía que su vocación era ser buen cristiano, buen esposo, buen padre de familia, y no transigía con sus valores; ella no profesaba ninguna religión pero se reivindicaba tolerante de todas las creencias y a la vez políticamente neutral, abierta a opiniones distintas.

Como cualquier otra pareja, tuvieron un período de enamoramiento. Y algunos desencuentros.

–Hubo un episodio en el noviazgo –relató Elke en una denuncia que incorporó la sentencia–. Yo estaba leyendo un libro en alemán, de religión judía; él me prohibió leerlo. Pero fuera de eso no fue un noviazgo violento.

Se casaron en 2003, un poco antes de que él se recibiera de abogado. Tenía planes de dejar la docencia y dedicarse a la profesión.

Felipe Yvars y Erika Beck, los padres de Elke, vivían en Alemania y tardaron en conocer al novio.

—Al principio ella se veía muy alegre —declaró Felipe Yvars en el juicio oral—. Todo parecía como si estuviera en una luna de miel.

Elke se los presentó en un viaje que hicieron a Buenos Aires cuando Erika cumplió 60 años. López impresionaba por su aspecto físico, pero también por sus maneras educadas y la seguridad que transmitía cuando hablaba de cuestiones de Derecho o de los valores de la enseñanza. Parecía un hombre muy amable y reservado, y con recursos económicos, como demostraba el departamento que poseía en la calle Amenábar.

Yvars los invitó a viajar a Europa, y poco después la pareja pasó unas vacaciones en España y Alemania. El contacto le sirvió para tener una imagen más ajustada de su yerno.

—Comencé a darme cuenta de que él no era como se mostraba —dijo Yvars—. Pero preferí callar, por mi hija.

Ella no les contaba demasiado sobre la relación con el flamante abogado y querían respetar su privacidad. Además seguían un principio, "ver, oír y callar", según recordaría el padre de Elke ante la Justicia.

López no lograba dedicarse tiempo completo a la abogacía. Sus ingresos dependían de sus empleos como docente en colegios religiosos. Ella aportaba comparativamente una entrada más estable y significativa como secretaria del Departamento de Economía en la embajada de Alemania. Pero él se reservaba el manejo de los gastos del hogar, y entonces controlaba sus ingresos.

Elke no podía quedar embarazada. Hizo tratamientos médicos que no dieron resultado. Pero lo consiguieron cuando menos lo esperaban, en un segundo viaje a España. Y cuando parecía que las cosas se solucionaban, terminaron de complicarse.

—Los problemas del matrimonio comenzaron durante el embarazo —recordó Elke en una de las denuncias que presentó contra su esposo—. Me sentí sola.

El niño nació en 2004. López no quiso acompañar a su mujer en el parto. Y tampoco en el cuidado del bebé.

—Él nunca estaba en casa para ayudarme —agregó Elke en la denuncia—. Fuimos a terapia cuando el nene tenía tres meses. Frente a la terapeuta se hacía el bueno. Yo comentaba mis cosas y después, en el auto, él me gritaba y me insultaba por lo que yo había dicho.

El nacimiento de un hijo reordena la vida de una pareja y las discusiones pueden ser parte de la rutina hasta que queda establecido algún tipo de acuerdo más o menos explícito. Pero Elke se dio cuenta de que López repetía el conflicto que había atravesado con su primera esposa. También entonces había comenzado a mostrarse agresivo e irritable después de tener a Daniel.

Felipe Yvars presenció una escena cuando fue a visitar a su hija después del parto.

—Tres o cuatro días después de que naciera el niño, Elke estaba amamantándolo —relató—. Noté que ella y López habían discutido y se habían dicho cosas. Al final él le dijo: "Ocupate de tu hijo".

Yvars agregó que Elke se mantuvo en silencio ante esa respuesta, mientras López "se fue, en una forma difícil de describir".

Había algo más que un enojo del momento en esa reacción que al padre de Elke le resultó extraña, inquietante.

Ella trataba de comprender a su esposo. Atribuía su creciente nerviosismo al litigio que sostenía con su ex mujer, que lo había denunciado por actitudes violentas. Falsas acusaciones, decía López, que lo perjudicaban y le hacían daño, y lo alteraban.

La denuncia fue en 1998, pero recién logró efectos en la Justicia cuatro años después. A partir de entonces, durante más de un año,

López tuvo prohibido ver a su hijo Daniel sin la presencia de una tercera persona.

El diálogo en la pareja se volvía difícil. Elke Yvars intentó explicarse, hablar con su esposo escribiéndole cartas. El temor creciente que la asaltaba puede reconocerse en la prudencia y la timidez de sus observaciones.

Una carta fechada en 2000, a poco de comenzar su relación con Claudio López, demostró que la violencia estaba ya instalada en la pareja, encubierta por algunas diferencias de opinión:

> *Las veces que mencioné el tema religión y su posible fuente de conflicto me comentabas que no veías problema en ello. Más aún por sorpresa me tomó el repentino cambio de actitud. Si algún evento no relacionado conmigo haya provocado esa posición tuya que sentí tan distante y algo agresiva en el tono, entiendo que estás bajo muchísima presión y se te puede "ir la mano", pero no lo descargues en mí.*

Se confesaba asustada por el odio que López Rossi manifestaba hacia los judíos.

> *¿Qué pasaría, por ejemplo, si yo algún día me hiciera amiga de una compañera de trabajo, o de gimnasia, judía? ¿No podría invitarle a casa porque la mirarías mal, le hablarías mal? No soportaría esa idea.*

La respuesta de su esposo sería, poco después, la prohibición de ir sola a reuniones sociales, eventos culturales o actos relacionados con su trabajo.

> *Otro tema que veo más claramente en estos días y que me preocupa, quisiera que lo hablemos, es que a ratos*

Tampoco le había permitido visitar sin él la Feria del Libro.
Cuando llegó el momento de ir juntos, como habían quedado,
López estaba cansado y decidió que se quedarían en casa.

La carta, conservada entre los papeles de Elke Yvars, documenta
en el comienzo mismo de la relación la intolerancia de López ante
lo que no fuera de su agrado, su voluntad de dominio y control en
la pareja y la preocupación de Elke Yvars por la imposición de los
deseos y principios de su pareja por encima de los propios. También las justificaciones del maltrato: los "nervios" por el proceso
de divorcio con su primera esposa, las "falsas denuncias" que le
habían hecho, la imposibilidad de ver a su hijo por orden judicial.

Ella empezó a adoptar el tono característico de quien trata de
no enfurecer a alguien, del que no está seguro de lo que piensa y
teme equivocarse:

*Te siento a veces con ciertos celos si salgo a tomar algo
con una amiga.*

Elke Yvars comenzó terapia en febrero de 2015. Liliana Jud, la
psicóloga que la atendió, la notó muy ansiosa, vulnerable, preocupada por el hijo. Quería separarse y no sabía cómo hacer. Se lo
había planteado a su esposo en septiembre del año anterior, pero
él no estaba de acuerdo y la responsabilizaba por los problemas de
la relación.

Elke resolvió dejar de compartir la cama matrimonial. Si no
podía irse de la casa, por lo menos dormía en otra habitación. Las
discusiones ya habituales se volvieron entonces más ásperas.

López la insultaba y denigraba en presencia de su hijo. A veces aparecía de pronto en la habitación donde ella dormía. La abordaba por atrás, para reforzar el efecto intimidante que producía su físico. Le hablaba muy de cerca, cara a cara y en voz baja, y la tomaba de los puños.

Las promesas de amor se mezclaban con los comentarios amenazantes, hasta que por fin la soltaba y se iba.

–¿Qué te falta? –preguntaba López–. Te doy amor, cariño, las tarjetas de crédito.

Elke anotó también en una especie de diario íntimo la discusión que mantuvo con su esposo en la noche del 23 de marzo de 2015.

–Te vengo aguantando hace diez años –vociferó López–. Nadie te soporta, soy el único. Te tengo una paciencia infinita, pero es un sufrimiento permanente con vos. Tenés todo para ser inmensamente feliz y te empeñás en arruinar todo. Todos mis amigos me dicen lo mismo, que tenés un problema psiquiátrico grave.

Como otros hombres violentos, no tenía ningún reproche para hacerse. Más bien lo contrario.

–Yo siempre hice todo bien –afirmó como remate de la discusión–. Soy un marido ejemplar e intachable.

Los comentarios de Elke sobre su carácter irascible le parecían injurias. Ella estaba enferma –"vos misma te autodeprimís y te autogenerás el problema", le dijo– y la causa se debía a que no escuchaba a su marido. Para él, la consulta con la psicóloga no tenía el menor sentido, la menospreciaba como "autoterapia".

–A fines de marzo, principios de abril de 2015, Elke me llamó llorando –declaró Felipe Yvars–. Me dijo que no aguantaba más y quería divorciarse.

Yvars trató de tranquilizar a su hija. Ella estaba preocupada por los cambios de conducta que notaba en su hijo. Pero dudaba de su percepción, como descubrió que le pasaba a las víctimas de violencia según el test que bajó de la web.

Sostuvo la terapia a escondidas. Iba a sesión en horario de trabajo para evitar los fastidios y las reacciones de su esposo. Empezó a deshacerse de tickets, facturas y cualquier papel que diera lugar a la mínima sospecha de una vida independiente, porque él revisaba su cartera y sus agendas y la increpaba cuando veía algún gasto que le resultaba inexplicable. Una vez la siguió cuando ella fue a ver a una abogada. También le revisaba el correo electrónico.

En la misma fecha que contactó a la psicóloga se comunicó con Alejandra Verónica Muñoz, una veterinaria que rescataba gatos abandonados y los daba en adopción a través de una página en internet.

En la casa tenían dos canarios. Elke buscaba una mascota con la que su hijo pudiera jugar. Muñoz se acercó un sábado a la noche hasta el departamento y les dejó un gatito de pocos días.

López se mostró entonces como una persona normal, amable. La primera impresión de quienes lo trataban era siempre favorable. Esa vez hasta acompañó a la veterinaria a su auto, porque se había hecho tarde y la noche es insegura.

La veterinaria hacía un seguimiento de los animales que daba en adopción. En mayo supo que había problemas con el gatito. Elke le pidió a través de un mensaje de texto que lo fuera a buscar, porque López era agresivo con él y hacía que su hijo también lo fuera. No podía hablar delante del marido, le explicó en una llamada por teléfono, antes de cortar abruptamente la comunicación.

—A los diez minutos me llamó de nuevo y me comentó que se estaba separando —declaró Muñoz en el juicio oral—. La situación era muy violenta.

Media hora después se encontraron en el hall del edificio. Elke lloraba. Le pidió que no dijera nada, que no hiciera preguntas, porque el marido estaba fuera de sí.

—Se secaba las lágrimas con desesperación, para que él no la viera llorando —dijo Muñoz.

Subieron al departamento y entraron por la cocina, para evitar un encuentro con López.

La veterinaria se quedó un instante a solas en la cocina, mientras Elke iba al living. Entonces escuchó el ruido de un portazo en el ingreso principal de la casa.

—Se fue —dijo Elke, un poco más aliviada. Había puesto al gato en una jaula.

Alejandra Muñoz no le hizo ninguna pregunta, pero no necesitó que ella entrara en detalles para darse cuenta de que estaba en medio de una pesadilla. Antes de despedirse, se ofreció a acompañarla para hacer una denuncia.

—No te quedes sola —le recomendó—. Sé del caso de una señora a la que mató el marido.

—Tengo un programa en el teléfono que permite que me localicen en cualquier parte —respondió Elke—. Y quiero resolver las cosas de manera pacífica.

Quedaron en volver a hablar. Elke Yvars trataba de hacerse fuerte en sus convicciones y en lo que quería para su vida. Como en una película, empezaron a pasar fragmentos del pasado. Las explicaciones de López sobre su primer divorcio, la irritación por la denuncia de su ex esposa, los gritos a la salida de la terapia de pareja, retornaban bajo una nueva luz.

López se manifestaría también celoso por el trato cordial que mantenía ella con Daniel, su hijo mayor. Notaba "excesivos abrazos", dijo.

Una tarde, cuando su marido no estaba, ella le contó a Daniel sus problemas conyugales.

—Tenés que salir rápido de esa situación —le aconsejó el chico, y le contó que su madre había decidido irse de la casa cuando se dio cuenta de que su vida corría peligro.

Elke ya estaba resuelta. El entendimiento que había querido con su marido no era posible. El 17 de julio de 2015 se presentó en la Oficina de Violencia Doméstica de la Corte Suprema de Justicia de la Nación.

Según se lee en su página web, la Oficina de Violencia Doméstica (OVD) fue creada por la Corte Suprema en 2006 para facilitar una solución rápida a personas que son víctimas de violencia y están en una situación de especial vulnerabilidad.

–La Oficina de Violencia Doméstica es un organismo de acceso a la Justicia –explica la abogada Zoe Verón, responsable del área jurídica del Equipo Latinoamericano de Justicia y Género (ELA)–. Cada mujer es recibida por un equipo interdisciplinario y después derivada a la Justicia civil, penal o de la ciudad de Buenos Aires, según corresponda.

La Justicia civil puede ordenar medidas de protección como exclusiones del hogar o restricciones de acercamiento. En la Justicia penal se persiguen los delitos eventualmente cometidos en la relación de pareja. Y la contravencional investiga y sanciona conductas contempladas en el Código de Faltas, como el hostigamiento. La Oficina elabora un diagnóstico de riesgo que aporta datos a los juzgados para evitar que la víctima tenga que atravesar la experiencia desgastante de repetir una y otra vez su relato.

–Pero la mujer, finalmente, se va sola –destaca la abogada.

La necesidad de responder a la violencia más allá de la denuncia, los problemas de acceso a la Justicia para las víctimas y el fortalecimiento de las mujeres son objetivos prioritarios en las acciones del Equipo Latinoamericano de Justicia y Género, una organización civil fundada en 2003 en la ciudad de Buenos Aires.

–La respuesta de la Justicia es limitada –dice Verón–. Muchas veces, cuando las mujeres llegan a la OVD no quieren iniciar un proceso penal sino que el hombre violento no se les acerque más. Estos casos ponen en crisis las estructuras jurídicas, los institutos jurídicos y el funcionamiento de la Justicia. Con órdenes de restricción sigue habiendo muertes. Las víctimas de femicidios son mujeres que ya pasaron por todos los pasos que les indicó el Estado y sin embargo terminan asesinadas. Hay algo que no está funcionando.

Elke Yvars llegó a la Oficina de Violencia Doméstica después de casi un año de analizar su situación y el estado de su matrimonio. Había decidido, también, pedir el divorcio.

Seguía preocupada por el modo en que la situación afectaba a su hijo. Cuando Juan pasaba muchas horas con el padre cambiaba de conducta. No le quería hablar o le hablaba de mala manera. Repetía las actitudes de López.

El chico lo relataría en términos parecidos al declarar en la Cámara Gesell:

—Papá me decía varias cosas. Algunas completamente irreales, que no existen, y otras como que mamá era mala y no quería que yo estuviera con ella. De chico me llevaba bien con los dos. Después papá me puso muchas cosas en la cabeza, que me estoy dando cuenta que no son ciertas. Y me alejó de mamá. Me di cuenta después, cuando se separaron. Si papá ya tuvo otro matrimonio y se separó, fue por algo.

Elke también tenía presente las conversaciones con Daniel. Se reconocía en la experiencia de la primera esposa de López.

—Hubo mucha violencia psicológica con ella, como en mi caso —dijo, en su denuncia—. Hasta le hizo denuncias falsas en el trabajo. Conmigo lo intentó, también.

El equipo interdisciplinario de la OVD consideró su caso como de riesgo psicofísico alto y derivó el diagnóstico a la Justicia Civil.

En julio de 2015, cuando ella se presentó, la Oficina atendió en total 907 casos de violencia doméstica. El 97% de las denuncias describía episodios de violencia psicológica, el 20% de las víctimas presentaba un riesgo alto y un 3% de las víctimas provenía del barrio de Belgrano, como Elke Yvars.

En su caso no solo se trataba de violencia psicológica. El 7 de abril Elke había sido atendida en la Clínica del Rosario por un golpe en la cabeza. López le había pegado con un objeto de hierro que sacó de la jaula de los canarios.

Ella recibió el golpe por atrás, cuando buscaba algo en el lavadero y estaba desprevenida. No se desvaneció, pero le salió un bulto grande en la cabeza y se hizo una radiografía.

Ese mismo día la madre la llamó a la embajada de Alemania —no podían hablar en el departamento de Belgrano cuando él estaba presente sin que después hubiera alguna discusión— y le pidió que hiciera la denuncia. Elke se negó.

—Ya no aguanto más, me voy a separar. Pero lo voy a hacer por las buenas —insistió.

El Juzgado Civil número 10 recibió el caso de la Oficina de Violencia Doméstica e inició un expediente por violencia familiar. El 21 de julio de 2015 ordenó la exclusión del hogar de López y le prohibió que se acercara a la casa y a Elke Yvars durante sesenta días.

López no estaba dispuesto a irse. Pareció quedarse sin reacción cuando dos policías llamaron a la puerta y le dijeron que debía cumplir la orden judicial y retirarse. Impávido, fue el término que utilizó una de las psiquiatras que lo entrevistó.

En adelante una tercera persona debía estar presente cuando el abogado y profesor de catequesis viera a su hijo. El juzgado pidió además un informe sobre el caso al Cuerpo Interdisciplinario de Protección contra la Violencia Familiar, un organismo del Ministerio de Justicia de la Nación.

Pero la denuncia no contuvo a López en su hostigamiento hacia Elke Yvars. Según el expediente judicial, continuó "con los actos de perturbación a través de la descalificación hacia su persona y manipulación del niño, a quien habría expuesto a situaciones que promueven el rechazo y desautorización hacia la señora Yvars Beck, en su rol y función materna".

El informe del Cuerpo Interdisciplinario de Protección contra la Violencia Familiar, incorporado en la sentencia, constató el relato de Elke:

Con referencia a los indicadores de personalidad observados en el denunciado, sr. López, se evidenciaron características de manipulación, un discurso en el que predominó la insistencia en descalificar y su esfuerzo por desprestigiar a su ex pareja, la sra. Yvars. Si bien intentó mostrarse colaborador durante la entrevista, predominó un discurso confuso y argumentaciones inconsistentes respecto a los hechos denunciados. Se visualiza un escaso registro de sus conductas violentas.

Su salida del hogar bajo custodia policial fue presenciada por varios vecinos. Poco después empezaron a verlo pasar con su auto, un Fiat Stylo color negro.

—Me echaron de mi casa con lo puesto —se quejaba López.

Pese a sus protestas alcanzó a llevarse algunas cosas. Entre ellas, el control remoto de la cochera del edificio.

López trataba de poner al niño de su lado y de hacerlo cómplice en sus constantes descalificaciones de la madre. Se opuso a que Juan recibiera atención psicológica, pero Elke no se dejó amilanar y consiguió un permiso de la Defensoría de Menores.

El chico estaba atemorizado, no dormía bien y se mostraba retraído en la escuela. Se sentía presionado a cumplir los deseos del padre e impedido de hacer lo que el padre no quería, como tener un gato.

En octubre de 2015 Elke volvió a comunicarse con Alejandra Muñoz. Por fin, le contó, se había separado; el último día de ese mes conseguiría el divorcio.

Ahora sí podían tener mascotas en la casa sin miedo de que les pasara algo o eso fuera un problema. Alejandra le llevó esa vez dos gatitos. Juan estaba mejor a partir de la exclusión de López del hogar y mostraba otros gustos, como cocinar. Se puso contento cuando recibió los animales, pero a la vez manifestó miedo ante lo que podía pasar si el papá se enteraba.

Elke también seguía preocupada. La orden de exclusión no era suficiente para conjurar sus temores. Había colocado una cadena de seguridad en la puerta de ingreso a la casa.

López nunca se comunicó con la psicóloga de su hijo. En cambio, consultó a un psiquiatra y le dijo que sentía malestares en el pecho y tenía dificultades para concentrarse y descansar de noche. Contó que estaba en proceso de separación y que su esposa le había hecho una denuncia falsa por la cual no podía ver a su hijo. El psiquiatra le dio medicación y le recomendó consultar a una psicóloga.

El abogado no aceptaba la resolución judicial. Se sentía una víctima de la situación y en particular de Elke Yvars.

–Cuando ella presentó el pedido de divorcio destruyó la familia que habíamos armado –dijo, al declarar en el juicio–. La exclusión del hogar fue un disparate. Mi conducta fue ejemplar; la de ella, no.

Parecía querer desviar la atención cuando le hacían presente la denuncia de su esposa. Como si se fugara hacia la oscuridad absoluta.

–Hay una persona que se burla de mí, que maltrata a mi hijo –afirmó varias veces en el juicio, sin dar precisiones–. Me está destruyendo, a mí y a mi familia.

La sospecha tenía que encarnar en otro, él se proclamaba inocente.

El relato de López, y el de sus hermanos, con quienes pasó a convivir, era que Elke lo había denunciado por violar a su hijo. Interpretaron de manera literal la acusación por abuso –que refería a los manejos y las actitudes violentas de que hacía objeto al chico– y la rechazaron como una falsedad. El equívoco fue otro argumento en un discurso que los jueces y los peritos consideraron como un caso típico de manipulación. La familia compartió además su construcción de la personalidad de Elke como una mujer egoísta y perturbada en contraste con la figura impoluta y abnegada que encarnaba López.

Tampoco parecieron registrar las decisiones del Juzgado Civil número 10, que el 6 de noviembre le otorgó a la madre el cuidado personal del niño —la tenencia, en los términos antiguos— y prohibió el acercamiento de López por noventa días, y el 19 de noviembre renovó por el mismo lapso la prohibición de acercamiento a Elke en cualquier lugar "como así también de ingresar al domicilio, perturbar o efectuar acto alguno que altere la tranquilidad de la mencionada por cualquier medio telefónico, internet, mensajes de texto, etcétera".

Stella Maris López, hermana del abogado, destacó que "ella (Elke) primero le decía a Claudio que podía ver a Juan y después le refería que no", lo que en su opinión demostraba que "quería volverlo loco". En realidad mediaban las decisiones judiciales ante las maniobras con que López intentaba alejar al niño de la madre y el temor que le inspiraba a su propio hijo.

Antonio López, otro de sus hermanos, lo notaba desesperado porque "le habían cortado el vínculo con Juan, con quien tenía una relación hermosa". En esos días "lo veía como un zombie, y le pedí que se tranquilizara". Claudio López "estaba enloquecido y no sabía qué hacer".

—Los hermanos de López se quejaban porque no podían tener al chico —dice el fiscal general Carlos Gamallo, que formuló la acusación—. Parecían en otra frecuencia, lo veían a él deprimido y había una negación de todo el contexto. Estaban indignados con el sistema judicial. Pero había que sacar al chico de ese entorno, el riesgo era altísimo.

La familia también se hizo eco del supuesto interés económico de Elke Yvars. "Lo único que le interesaba era el dinero", afirmaron los hermanos. La acusación retomaba un viejo estereotipo sobre las mujeres —que se aprovechan de los hombres— y su insistencia por parte de López pareció otra forma de negar la realidad y en particular la frustración de sus propios proyectos profesionales.

Pese a que había instalado un estudio, López no tenía trabajo estable como abogado. Sus ingresos provenían de las clases que dictaba como profesor de Educación Cívica e Historia en el Colegio San Juan Evangelista, de la Boca. El hogar no dependía de sus aportes, sino de los de Elke Yvars y también de los padres de ella, que los asistieron con dinero.

En el juicio se planteó incluso la sospecha de que López había ingresado a la casa en busca de un dinero enviado por Felipe Yvars. "Había una mancha de sangre en una pared de la cocina. Suponíamos que había ingresado al departamento pero no teníamos en claro con qué fines", dice el fiscal Gamallo. Después se encontró el dinero que ella tenía escondido.

López se opuso a que se le hicieran exámenes médicos para determinar su imputabilidad antes del debate oral y público. No obstante, los peritos que lo examinaron poco después del crimen ya habían confirmado que no presentaba ninguna patología ni parecía una persona alienada.

La médica legista Silvia Castellanos lo había entrevistado en la comisaría 33ª, donde lo llevaron al quedar detenido. López estaba tranquilo, colaboraba con las preguntas que le hacían; no tenía aliento etílico, no presentaba inyección de sangre en los ojos ni ningún otro indicio de consumo de drogas o alcohol, aunque mostraba síntomas de estrés.

La psiquiatra Marta Gaziglia, del Cuerpo Médico Forense, lo examinó dos días después del femicidio. López estaba asombrado ante lo que ocurría a su alrededor. No había gestualidad ni ningún tipo de connotación emocional en lo que contaba.

—Se observó poco compromiso afectivo —informó la psiquiatra—. Se desconocía si fingía o si estaba atravesando otro estado. Lo que sí puedo afirmar es que quedaba impávido frente a lo que tenía que responder.

Gaziglia describió un cuadro de "ansiedad paranoide" en López, "una ansiedad primitiva, profunda, que genera mayor sentimiento de desprotección". Los indicios de ese estado eran múltiples: las diversas elaboraciones sobre una supuesta trama oculta detrás de la acusación por el crimen; los fantasmas exacerbados por los celos —cristalizados en la certeza persecutoria de que Elke le había sido infiel precisamente el día de la comunión de Juan, es decir, un acto que constituía una especie de doble transgresión a sus principios–; sus reiteradas declaraciones sobre alguien que lo quería perjudicar –"una persona que me perturbó y destruyó mi vida y mis proyectos", en otra de sus versiones– y la insistencia en que las denuncias eran falsas, algo que ya lo había obsesionado en su primer divorcio.

López se definía en oposición a Yvars: ella quería quedarse con su dinero, decía, mientras él la amaba desinteresadamente; "no me rendía cuentas de su salario" y él ponía a disposición todos sus recursos; él se preocupaba por su salud, ella lo volvía loco; ella se interponía entre él y su hijo.

Liliana Portnoy, también psiquiatra del Cuerpo Médico Forense, informó que "el propio accionar del encausado Claudio Ángel López impide considerar que haya obrado sin intención de dañar, sin captar el desvalor ético-social de la propia conducta" y en consecuencia detentaba "la autonomía psíquica suficiente como para comprender y/o dirigir su accionar en los hechos descriptos".

Llevado al juicio, trató de faltar a las audiencias. Una vez dijo que tenía una descompensación. Se resistió a que lo revisaran hasta que un médico enviado por el Tribunal informó que se trataba de una simulación.

En la audiencia del 22 de mayo de 2017, finalmente, manifestó que deseaba declarar.

–Lamentablemente me toca asistir a esta tragedia –empezó, sentado ante los integrantes del Tribunal Oral en lo Criminal número 20–. Fui víctima de Elke Yvars Beck y de su familia.

A continuación soltó un discurso incoherente en el que pretendía sostener que su ex mujer había atravesado una "situación de locura" como consecuencia de su historia de vida. En realidad hacía extensivo el odio que sentía a Felipe Yvars y Erika Beck, y a todo lo que podía estar relacionado con Elke.

—Limítese a ejercer su derecho de defensa —lo cortó la jueza Sabrina Namer, que presidía el Tribunal.

López se quedó en silencio unos segundos, con los ojos muy abiertos.

—Un día —dijo, al fin— mi esposa salió del departamento. Me dijo que iba a comprar el pan y volvía enseguida. Pero cuando lo hizo se presentó con dos policías federales, como si nada ocurriera.

Hizo una pausa como quien espera el efecto de una grave acusación.

—Después aparecieron dos mujeres de la embajada de Alemania —agregó—. Y tres policías más. Uno de ellos me increpó, me obligó a firmar actas sin leerlas. Me robó mil trescientos pesos, me sacó el sello de abogado. Mi esposa me amenazó, me dijo que la embajada iba a hacer todo lo posible para ayudarla en las cuestiones judiciales. De hecho nombraron a un abogado para hacer invenciones jurídicas.

La supuesta intervención de la embajada era otra de sus obsesiones.

—Hablaba de una persecución en su contra —recuerda el fiscal Carlos Gamallo—. Detrás del juicio, decía, estaba la embajada. Era una persona claramente manipuladora, no solamente con la víctima. Quería dominar la escena del juicio, hablando con el tribunal, yéndose por las ramas. Nunca dijo que había matado a su esposa. Según lo que él pensaba, parecía que la culpable de la muerte de Elke era ella misma.

Su defensa consistió en atacar a Elke.

—Ella se negó a casarse por iglesia —dijo López, como si levantara otra acusación—. Me decía que no le gustaba nuestro país, que quería volver a Alemania. El último día de la madre, muy bien vestida, me dijo que se iba a trabajar aunque era domingo. Tuve que pasar solo ese día. Mis familiares me preguntaron por Elke y tuve que responder que estaba trabajando. Y yo la trataba con el máximo cariño, nunca le dije malas palabras.

Las elaboraciones paranoicas se extendían al pasado, surcadas por observaciones moralistas. Su discurso se desplegaba a través de frases sin conexión aparente, pero articuladas por el odio. "Iba llenando los casilleros del prototipo machista", dice el fiscal Gamallo.

–Con relación a los viajes que hicimos a Europa, quiero decir que todos los vecinos eran malos –afirmó en otro tramo de su declaración ante el Tribunal Oral número 20–. No me querían enseñar alemán. Querían convencerme para que yo me quedara a vivir allá, pero me negué. Cuando nació Juan, mi suegro tuvo una actitud agresiva, me pidió que el niño tuviera nacionalidad alemana y española. Le dije que era argentino. La casa donde vivían los padres de mi esposa había sido un prostíbulo durante la Segunda Guerra, por eso yo sentía aberración de que mi hijo estuviera con el abuelo o la abuela. Siempre quise que él estuviera con personas sanas, es decir, conmigo y con mi familia.

–Ajústese a los hechos de debate –le reconvino de nuevo la jueza Namer.

Pero de eso, precisamente, no quería hablar.

Los hechos de debate habían ocurrido en la mañana del 15 de diciembre de 2015. Gustavo Bogado, entonces ayudante del encargado del edificio de Amenábar 1870, llegó al lugar en su horario habitual de las 7.30. Al ingresar por la puerta principal, escuchó ruidos extraños que provenían del ascensor.

Pensó que había una pelea, hasta que Juan apareció en el hall de entrada de la planta baja.

–Mi papá mató a mi mamá –dijo el chico, desencajado. Estaba vestido con el uniforme de la escuela.

Bogado lo abrazó y lo llevó a la vereda, donde se encontraron con el encargado, Daniel Rojas. Un vecino, Pablo Chamorro, se acercó para ver qué pasaba.

—Mi papá mató a mi mamá con un cuchillo —dijo Juan, e hizo un gesto con la mano, como si levantara un arma y la bajara de pronto con mucha fuerza, para imitar lo que había visto—. Mi papá no tenía que estar ahí.

Chamorro llamó al 911 y poco después llegaron un patrullero de la comisaría 33ª, policías de civil y otros que hacían la vigilancia habitual en el barrio. El subcomisario Maximiliano Del Mestre explicó entonces que fue mucho personal porque en la jurisdicción eran raros los hechos de sangre, "y por lo desgarrador que significó escuchar a un niño decir que su papá mató a su mamá".

—Tengan cuidado —les pidió Juan.

Los trabajadores del edificio estaban al tanto del conflicto entre Elke y su ex esposo. Habían presenciado la salida de López bajo custodia de la policía. Sabían que desde entonces merodeaba la zona.

Los policías Walter Medina y Carlos Luque entraron al edificio y los otros se quedaron en la puerta. Al abrir la puerta del primer ascensor, que daba al departamento B, vieron el cuerpo de Elke en el piso, sin vida. Notaron pisadas que se dirigían hacia el segundo ascensor del edificio, pero López no estaba a la vista.

En eso llegó una ambulancia del SAME, con el médico Jorge Rampoldi, del Hospital Pirovano.

—Rápido, es grave —lo urgió uno de los policías en la puerta del edificio.

El médico constató que Elke no tenía signos vitales. En el camino se cruzó con Medina y Luque, que bajaban para continuar la búsqueda de López.

—Luego me dediqué a brindarle mi atención a un menor que había presenciado el hecho y que estaba en una sala en la planta baja, en un estado de crisis y angustiado —declaró Rampoldi en alusión a Juan.

Los policías recorrían el edificio, seguros de que López no había podido salir. Pero fue el encargado Rojas el que lo descubrió.

—Ahí viene el marido de la mujer —dijo.

López salía de la cochera al volante de su Fiat Stylo color negro. El vehículo tenía un cartel que decía "se vende".

El patrullero de la comisaría 33ª estaba cruzado en la calle, frente a la cochera. Los policías vieron a un hombre de campera, camisa y pantalón azul. Parecía mucho más corpulento dentro del auto. Y se lo veía tranquilo, hasta apacible, como cualquier hombre que salía a trabajar a esa hora.

El subcomisario Del Mestre le ordenó que bajara. López pareció considerar la situación como alguien que se enfrenta a un corte imprevisto del tránsito. Estaba rodeado de policías y el patrullero le impedía avanzar.

Pareció buscar algo en la guantera, Gustavo Bogado pensó que iba a sacar un arma. Del Mestre reiteró la orden y entonces López salió del vehículo sin perder la calma. Lo hicieron volver de espaldas y le pidieron que apoyara las manos en el techo del auto.

Un policía lo requisó mientras otros dos controlaban que no se moviera.

En el bolsillo izquierdo de la campera tenía un cuchillo de mango de madera y veinte centímetros de hoja. En el piso del auto llevaba una mochila y debajo de uno de los asientos había escondido un par de guantes de jardinero. Tenía una mancha de sangre en la camisa.

Lo hicieron volverse. Por un instante los policías parecieron intimidados por el físico de López. Con esfuerzo, le pusieron las esposas.

—Quiero ver a mi hijo —dijo, antes de que lo introdujeran en el patrullero con destino a la comisaría 33ª.

Juan seguía con el médico Jorge Rampoldi dentro del edificio.

—Nos quedamos charlando un rato —declaró el médico—. Lo primero que me preguntó fue si habían bajado el cuerpo de su mamá. El chico se imaginaba o estaba al tanto del fallecimiento. Estaba muy shockeado, me preguntaba con quién se iba a quedar y decía que no iba a poder regresar con su papá después de lo que había hecho.

A pesar de que estaba acostumbrado a ver desastres, agregó Rampoldi durante el juicio, no podía olvidar la conversación con el nene. Juan hacía patente la crueldad extrema de la violencia de género, el modo en que alcanza y se ensaña con los más débiles, el desvalimiento en que deja a las víctimas.

Rampoldi se quedó con Juan hasta que llegaron un psicólogo y Felipe Yvars, que estaba en Buenos Aires para ayudar a Elke durante las vacaciones. El chico quería llevarse los gatitos, y cuando finalmente los tuvo se fue del lugar con su abuelo.

Un rato después llegó el personal de la Policía Científica para recolectar rastros en el palier y el sexto piso. También se ocuparon de preservar el cuchillo y la camisa de López, al que hicieron cambiar de ropa, para las pericias en el laboratorio químico.

Entre las personas que seguían el trabajo de la policía estaba Daniel.

—Es mi papá —declaró—. Pero va a tener que pagar por lo que hizo.

Una vecina, identificada como Alicia, contó en C5N que conocía a López desde hacía dieciocho años y que ya había tenido "un episodio" de violencia con su primera mujer por el que no había podido ver a su hijo mayor. Lo definió como "una persona muy seductora que quería quedar bien con todo el mundo". Pero los vecinos, como los encargados, sabían que tenía el acceso prohibido y lo habían visto pasearse amenazante por el barrio, o demorarse al volante de su auto en la entrada del edificio.

—La orden de la justicia no sirve para nada —dijo el encargado Daniel Rojas.

El Equipo Latinoamericano de Justicia y Género tiene su oficina en el edificio de Tucumán 1581, en el microcentro porteño, al que llego una fría mañana del mes de junio.

El trabajo del organismo comprende entre otras áreas la elaboración de proyectos para mejorar las políticas públicas contra la violencia de género y un observatorio de sentencias que sigue las decisiones judiciales de los Tribunales de Argentina, Bolivia, Chile, Colombia, Ecuador, México y Perú para comprobar el cumplimiento de los derechos reconocidos en la Convención para la Eliminación de toda forma de Discriminación contra la Mujer.

El observatorio introduce un llamador para destacar las sentencias que incluyen estereotipos de género.

–Los estereotipos dependen de la percepción que tengan los jueces sobre las mujeres y la Justicia tomará el caso en base a esa caracterización –explica Zoe Verón, en una sala de reuniones del ELA–. Todavía hay un reduccionismo sobre cómo debe ser la mujer. En México funciona un protocolo de acceso a la Justicia con perspectiva de género que identifica por ejemplo estereotipos de roles sexuales, como la idea de que el hombre debe ser el proveedor y la mujer quedarse en su casa, o que ninguna actividad de la mujer debe inmiscuirse en su obligación maternal y de cuidadora del hogar. En Argentina todavía no tenemos algo así. La Defensoría General de la Nación realizó hace tiempo una investigación en la que detectó por ejemplo el estereotipo de la mujer instrumental, la que utiliza la denuncia de violencia de género para sacar provecho en otra situación, como un divorcio; el de la mujer mendaz, que miente para perjudicar a la otra persona; la fabuladora, que exagera los hechos. Que la Justicia tenga esos estereotipos significa que va a pedir un nivel de prueba más alto de lo que pide en otros casos en los que la mujer representa un ideal de buena víctima.

–¿Las medidas judiciales de protección a las víctimas de violencia pueden ser un detonante de femicidios? –pregunto.

–Hacer la denuncia es o debería ser para una mujer el paso final de un proceso anterior de análisis, en el que se reconoce como víctima de violencia –contesta Verón–. Esto en un mundo ideal. Uno de los obstáculos que pueden encontrar las mujeres a la hora de denunciar es el miedo a que esa decisión acreciente la violencia. En lo ideal, la mujer ya pasó por ese proceso y una vez que presentó la denuncia hizo otras cosas, o la Justicia se encarga de que no conviva con el hombre violento, se dan requisitos básicos. La respuesta de la Justicia no es por lo general rápida ni efectiva, y puede darse que acreciente la violencia. Desde el Estado, por otra parte, no hay acompañamiento previo ni posterior. Su respuesta se queda corta si se trata solamente de abrir las puertas para hacer una denuncia. Si un funcionario o un profesional cree que con el papel de la restricción va a impedir el acercamiento no entiende la complejidad de la situación.

—Es una respuesta formal.

—Sí. Quizás sirve para algunos casos, aunque en realidad creo que para ninguno si no hay otros mecanismos para reforzar el cumplimiento de la restricción de acercamiento. Además es no comprender cómo funciona la violencia de género. Lo que le pasa a la Justicia es que está en jaque su propio sistema frente a estos casos: no tiene estructuras armadas para intervenir en estos casos, entonces las tiene que ir armando en el camino y la realidad es que la mayoría de las veces su respuesta es limitada.

El acusado parecía erigirse en acusador.

—La escena del crimen fue manipulada por la Policía Federal y la embajada alemana —proclamó López en el juicio—. Lamento que el señor fiscal no haya buscado a los verdaderos culpables de armar la escena del hecho. Bajaron y subieron al departamento innumerables veces sin respetar el protocolo. Lo supe porque desde donde yo estaba escuchaba el ascensor.

Pretendía plantear dudas sobre la muerte de Elke Yvars.

—No sé en qué condiciones salió ella del departamento, si herida o no, lastimada o no —dijo—. La puerta estaba blindada, era marca Cepeda, yo la hice blindar. Nadie revisó el departamento al día siguiente.

Las sospechas, las irregularidades, había que buscarlas en los policías que lo habían detenido, según su explicación.

–Todos estaban sorprendidos por la cantidad de comisarios que intervinieron –agregó López–. Un comisario habló con mi celular. Alrededor de las 20 horas revisaron mi billetera, donde yo tenía distintas tarjetas de crédito, carnet de abogado, documento de identidad y tarjetas de débito que usaba mi esposa para hacer extracciones y dejarme la cuenta en cero. Esa billetera desapareció.

El dinero era un motivo central en la historia que intentaba armar, donde él venía a ser la víctima de una persecución que implicaba a la embajada alemana, la Justicia y la policía, además de la familia y los compañeros de trabajo de su ex mujer. A medida que hablaba, la conspiración que imaginaba López crecía y se ramificaba.

–Yo la amaba, pero ella quería mi dinero. Mi vida consistía únicamente en trabajar y dar clases. Un día me llamó al celular, me dijo que le habían robado el cochecito en el zoológico. Fui al lugar, llamamos a la policía, y ella estaba como si nada.

No mostró interés por escuchar a los testigos que citó el Tribunal y tampoco pareció seguir la defensa de la abogada Marcela Piñero. En la alcaldía contigua a la sede del Tribunal, dijo que estaba lesionado y no podía trasladarse hasta la sala. Lo llevaron en una silla de ruedas.

Su verborragia, las referencias insólitas, las parrafadas pretendidamente moralistas, contrastaban con el silencio que mantuvo ante el crimen de Elke Yvars Beck.

–Nunca habló de que la había matado, nunca dijo "la maté" –dice el fiscal Gamallo–. Explicó su pesar durante el matrimonio y lo que la mujer supuestamente le hacía sufrir a su hijo.

Felipe Yvars volvió a Buenos Aires para presenciar el juicio. Tenía la carta y los papeles donde Elke había relatado su padecimiento, y el tribunal los incorporó como prueba.

–El padre de Elke sentía la desconfianza que nos tienen todos, no a nosotros sino al sistema, a la Justicia en términos generales –agrega el fiscal–. Nos pasa mucho con las víctimas, no hay confianza. A medida que tuvimos un trato más directo con él en cuanto a la contención, y con el resultado del juicio, se mostró satisfecho, dentro de lo que ocurrió.

En el transcurso del juicio, el fiscal le advirtió a Yvars que López podía hablar muy mal de la hija, "y lo hizo".

–Con las falsas denuncias, Elke provocó un desastre en mi persona –dijo López–. No ver a mi hijo me representó un infierno. En el mundo del derecho hay personas que se quieren hacer pasar por locos –hizo una pausa–. Yo no quiero eso –aclaró–. Pero ese día yo no estaba.

Aludía al día del crimen.

–La raíz de eso se llamó Elke Yvars Beck –continuó–. Ella me sacó de la conducta normal de mi cuerpo. Yo no quería hablar con nadie, el psiquiatra tardó más de un mes y medio en darme la psicóloga: primero dijo que era difícil, que no conseguía, que iba a ver si encontraba alguien por el barrio. Finalmente, un día o dos antes (del crimen) me entregó un teléfono.

Derivaba hacia su fantasía persecutoria:

–El día que me detuvieron me llevaron al hall del edificio. Volví a encontrarme a gran parte del personal de la embajada de Alemania. Estaba el morocho que usaba un falso nombre y que intervino en la falsa exclusión del hogar. Había cuatro comisarios que no tomaban nota, no labraban actas. Pido que se vea toda la filmación para que la verdad no se diga a medias. En las tarjetas de crédito que secuestró la Policía Federal se registraron compras exorbitantes, realizadas cuando ya estaba detenido.

En sus últimas palabras antes del veredicto, pidió la absolución o la pena mínima y que se tuviera en cuenta su vida "dedicada a la educación", la falta de antecedentes, "la situación que me tocó padecer" y el hecho de que "no estuve en mis cabales en ningún momento". Insistió en atribuir su perturbación a la imposibilidad de ver a su hijo y a que el 15 de diciembre de 2015 había "duplicado o cuadriplicado" la medicación prescripta por el psiquiatra.

También criticó al movimiento #NiUnaMenos, que dos días antes, el 3 de junio de 2017, se había concentrado en la Plaza de Mayo en su tercera marcha contra la violencia hacia las mujeres. "No saben interpretar el valor de la familia", afirmó.

Gamallo volvió a reunirse con Yvars a la salida de la audiencia. El fiscal estaba preocupado por el impacto de los dichos de López.

—No se preocupe —dijo el padre de Elke, y se llevó la mano a un oído—. No escucho muy bien.

López terminó por dar un testimonio contra sí mismo:

—Los integrantes del tribunal no podemos dejar de poner en relieve que el imputado, durante todo el desarrollo del debate, dio cuenta de su personalidad manipuladora y de maniobras de simulación que pretendieron impedir su normal desarrollo —dijeron los jueces Namer, Patricia Gabriela Mallo y Pablo Gustavo Laufer.

López declaró que en la mañana del 15 de diciembre de 2015 tenía que ir desde Caballito, donde vivía con sus hermanos y su madre, hasta el bajo Belgrano por un trabajo que no especificó. La casa donde había vivido con Elke era "un paso obligado", y no soportó la separación de su hijo. La prohibición de acercamiento no significaba un obstáculo desde el momento en que no la reconocía.

Sin embargo, no explicó por qué llevaba un cuchillo de veinte centímetros de hoja y guantes de jardinero. No lo hizo, dijo el fiscal, porque seguía un plan premeditado. Las cámaras de seguridad registraron su ingreso a la cochera minutos después de las 7. Pudo ingresar al edificio porque guardaba el control remoto del portón.

Tomó el ascensor y bajó en el sexto piso. Minutos antes de las 7.30, Elke tenía que llevar a Juan a la escuela.

Esperó a que salieran, los dejó ir hasta el ascensor mientras se calzaba los guantes. Era su forma de actuar. Así acechaba a Elke cuando ingresaba subrepticiamente en su habitación y la abordaba de repente, hablándole cara a cara y aferrándola de las manos. Así la había golpeado en el lavadero, aprovechándose de su indefensión y su confianza.

—¡Juan es mío! —gritó López, con el cuchillo en alto.

Elke Yvars se quedó espantada ante su aparición, pero alcanzó a reaccionar.

—¿Qué hacés acá? —lo interpeló—. ¡Andate!

A Juan, con 11 años, le tocó ser el único testigo. Y también otra víctima del padre.

—Sé lo que pasó —dijo, al declarar en la Cámara Gesell—. En un momento corto estuve presente y en el otro momento no lo vio nadie excepto mis mascotas. Pero lamentablemente no pueden hablar y decirnos lo que hizo. Era un día común. El último día de clases. Con mamá estábamos saliendo de casa hasta que de repente apareció...

Elke gritó el nombre de un vecino del sexto piso, en un intento de contener a López.

—El vecino era un hombre como de 85 años, que no hubiera podido hacer nada —comentó Juan en su declaración.

López se abalanzó y empezó a acuchillar a su ex mujer. Juan bajó por las escaleras, a la carrera, en busca de ayuda.

Elke Yvars cayó sobre una maceta y trató de incorporarse, pero él se lo impidió. Recibió entre 40 y 50 puñaladas, la mayoría por la espalda y cuando estaba en el piso. Una de las heridas tenía diecinueve retomas, "es decir, que el cuchillo entró y salió en todas esas oportunidades", puntualizó el fiscal Gamallo. Y otras tres heridas se produjeron cuando la víctima ya había fallecido.

—López no habló del homicidio en el juicio —dice el fiscal—. Justificó algo que no dijo que había hecho. Puso el énfasis en explicar lo que significa para un padre de familia estar separado de su hijo, dijo que estaba muy angustiado, pero nunca llegó a decir que había asesinado. No sé cómo, psicológicamente, una persona puede hacer algo así delante de un hijo. Los tíos paternos decían por su parte que el abuelo era una persona grande y no podía cuidarlo. Había una disociación muy fuerte: el chico había perdido a la madre y al padre en el mismo momento, y a una a manos del otro. No solamente se entera sino que lo ve, y con la crueldad que significa la muerte perpetrada con un cuchillo.

La frase "Juan es mío" delataba una clave del femicidio. López estaba dispuesto a matar y, para recuperar a su hijo, al que sentía como su propiedad exclusiva, no vaciló en despojarlo de su madre y en el mismo acto se perdió como padre. "La idea de apropiarse de algo como si fuera una cosa, lleva a que si esa cosa no hace lo que quiero, la puedo matar", señaló el fiscal en el alegato.

El 5 de junio de 2017 el Tribunal Oral en lo Criminal y Correccional número 20 condenó a López a prisión perpetua por los delitos de homicidio doblemente agravado por haber sido cometido contra su ex cónyuge y por femicidio por haber sido cometido por un hombre mediando violencia de género, y por desobediencia a un funcionario público, en referencia a la violación de la prohibición de acercamiento al hogar de Elke y su hijo.

—No fue de un solo cuchillazo, no fue de frente —dice el fiscal Carlos Gamallo—. Se valió de la defensa disminuida de la víctima para hacerlo sobre seguro.

El fiscal pidió en el alegato que quienes controlen el cumplimiento de la pena de López cuenten con esa información debidamente reflejada en la sentencia, en honor a Elke Yvars Beck.

Fotos de familia

En la mañana del viernes 21 de agosto de 2015 Fernando Farré asesinó a puñaladas a Claudia Schaefer en el chalet que alquilaban en el country Martindale, en Pilar. Se habían encontrado para repartirse algunas pertenencias en medio de la división de bienes acordada en el proceso de divorcio.

Farré atacó a su esposa por atrás, cuando ella buscaba ropa y documentos en el vestidor. Utilizó dos cuchillos que se llevó de la cocina. El crimen ocurrió en presencia de Nenina Castro, la madre de Farré, y los abogados Carlos Quirno y Andrea Frencia, quienes observaron la secuencia del apuñalamiento desde el exterior y no alcanzaron a intervenir.

El médico forense Juan Raúl Cheuquel calculó más tarde que el ataque transcurrió en un lapso comprendido entre dos y cinco minutos.

Farré había llegado con su madre y la abogada Andrea Frencia alrededor de las 10. Se lo veía tranquilo, normal. En todo caso con un poco de apuro. A la tarde, dijo, tenía que hacerse un chequeo en el Hospital Alemán. Mientras esperaban a Claudia Schaefer las hizo pasar a la cocina y les preparó un té.

Schaefer y Quirno se presentaron una hora después. En el camino ella le había contado al abogado la historia de aquella relación, desgastada por años de agresiones y desprecio. Tenía miedo, porque Farré se había puesto más hostil ante su decisión de separarse.

Los abogados notaron cierta tensión en el ambiente. La madre de Farré tenía cara de pocos amigos, recordaría Quirno.

Nada extraño, pensaron, en las circunstancias que atravesaba la pareja.

Farré, de 52 años, y Schaefer, de 44, llevaban quince años de casados. Tenían tres hijos, de 13, 12 y 9 años.

Los abogados salieron por la puerta de servicio al jardín, donde Nenina Castro esperaba a su hijo. Farré cerró con llave la puerta del vestidor y sacó los cuchillos de un set que, presumieron los investigadores, había dejado a mano en la cocina.

Carlos Quirno calculó que no pasaron más de treinta segundos cuando escucharon los gritos de Nenina Castro.

–¡Pará, pará! –decía–. ¡Así no vas a lograr nada!

Por un momento se desorientaron. Andrea Frencia pensó que pasaba algo en una casa vecina. Hasta que Quirno escuchó quejidos de Claudia.

–¡Pará! –insistió la madre de Farré.

Quirno trató de abrir la puerta de la cocina y al comprobar que estaba cerrada se asomó a mirar por una ventana.

–Vi a Farré de rodillas, medio de costado, con el cuerpo de Claudia debajo de él, en el piso –declaró el abogado–. Ella estaba hecha un ovillo.

El cuerpo de la mujer se movía a impulsos de los embates de Farré. El abogado vio también los cuchillos, la sangre, la expresión de satisfacción en la cara del hombre.

–Era una cara de "hice lo que tenía que hacer" –dijo.

Pero eso no fue todo lo que lo espantó.

Farré levantó entonces la vista y contempló el jardín que rodeaba al chalet, un símbolo de su estatus. Reparó en la presencia de los abogados y los miró a los ojos. No parecía trastornado ni fuera de sí, al contrario. Tampoco lloraba ni reía. Tenía la expresión de alguien que lleva a cabo una decisión largamente meditada.

–Nos miró y siguió haciendo lo que estaba haciendo –dijo el abogado Quirno.

Sintieron el ramalazo del miedo. Pensaron que Farré los iba a matar. Frencia se descalzó para correr más rápido. Y Quirno la siguió –"no soy policía ni guardia de seguridad", se excusó– aunque se detendría un instante para llamar al 911.

Farré no les prestó demasiada atención. Ni siquiera cuando su madre terminó por romper el vidrio de la ventana. En un momento se incorporó, volvió a la cocina y se sentó a esperar a la policía.

El femicida de Castelar, como llamó la prensa a Gustavo Javier Flores, tampoco escapó de la policía. En la noche del 17 de abril de 2017 degolló a su esposa, Alejandra Polizzi, en la planta baja de la casa familiar.

En medio del ataque la mujer llamó al 911.

–¡Me mata, me mata! –gritó.

–¿En qué localidad estás? –preguntó la operadora.

–Me quiere matar, me va a matar –alcanzó a decir Alejandra Polizzi, antes de que se cortara la comunicación.

Los ruidos llamaron la atención del hijo de la pareja, de 8 años, que estaba en la planta alta de la casa. El chico alcanzó a ver el cuerpo de su madre, en el piso. Flores lo llevó al dormitorio, le puso una película y lo hizo dormir.

Escucharon que llegaba varios policías y llamaban a la puerta. Y que se iban después de esperar un rato.

Alejandra Polizzi tenía 48 años, diez más que su esposo. Ella trabajaba haciendo artesanías, él como empleado en una distribuidora de artículos de limpieza donde estaba con una licencia psiquiátrica.

A la mañana siguiente, Gustavo Flores le hizo el desayuno a su hijo y llamó al 911.

–Emergencias, buen día –saludó la operadora.

–Qué tal, buen día –dijo Flores.

La operadora le preguntó por qué llamaba.

–Le quiero pedir si pueden venir a Capdevila 1946 –murmuró el hombre.

–Hable un poco más alto. ¿De qué localidad llama?

–Castelar.

–Castelar –repitió la operadora–. ¿Calle?

–Capdevila 1946.

–1946 –la operadora parecía tomar nota–. ¿Qué es lo que pasó en el lugar, señor?

–Un asesinato.

–¿Qué es lo que pasó en el lugar, señor? –repitió la operadora.

Flores mantuvo su tono de voz neutro, como si hablara en sueños.

–Un asesinato –dijo.

–¿Qué fue lo que pasó? Por favor explíqueme.

–Mi mujer está asesinada.

–¿Su mujer qué?

–Está asesinada.

–¿Quién la mató?

–Fui yo.

Flores dio su nombre y ante una nueva pregunta dijo que estaba seguro de que su mujer había muerto. Le había dado nueve puñaladas.

–Corto y transmito –dijo la operadora.

–Bueno, yo espero acá –contestó el hombre, siempre con el mismo tono tranquilo de voz.

Si las antiguas crónicas policiales lo relegaban a un segundo plano y lo rebajaban como crimen pasional, en las actuales el femicidio ocupa un espacio central. Sobre todo cuando reúne los aspectos que se tramaron en el asesinato de Claudia Schaefer.

La brutalidad del crimen salió de lo común. Farré mató a su ex mujer con dos cuchillos a la vez. Le asestó 66 puñaladas, varias de ellas *post mortem*, le provocó 74 lesiones y por último la degolló. El forense Cheuquel dijo que varias de las heridas fueron infligidas "no para matar, sino para generar algo cruel".

El escenario, un exclusivo barrio provisto de canchas de golf, polo, espacios verdes para equitación y seguridad las 24 horas, agregó otro motivo para la curiosidad y el morbo. El crimen, llamado "el femicidio del country", "el femicidio VIP", abría las puertas de un mundo habitualmente cerrado a la gente común.

La muerte de Claudia Schaefer evocaba las de María Martha García Belsunce y Nora Dalmasso, también perpetradas en *countries*. La memoria periodística tiene presentes los casos que conmocionaron al público como modelos para narrar nuevos acontecimientos y cantera de recursos para llamar la atención. El efecto de sentido es doble: el episodio actual se reviste de las características de los precedentes, remueve un oscuro trasfondo de conocimiento público, pero al mismo tiempo reabre la interpretación de la serie donde se inscribe, la instala en un nuevo marco. Los crímenes de García Belsunce y Dalmasso, en principio envueltos en intrigas familiares o amorosas, son hoy comprendidos como femicidios que no se contaron como tales.

A diferencia de sus antecedentes, "el femicidio del country" no presentaba ningún misterio y en consecuencia tampoco daba motivo para las especulaciones y las conjeturas con que los cronistas policiales y los panelistas de televisión suelen jugar al detective. Para los medios, sin embargo, no solo se trata de desentrañar quién cometió un crimen sino cómo alguien pudo haberlo realizado, en particular cuando quien lo cometió escapa a la lógica corriente, como exige el criterio periodístico, y no responde al estereotipo del criminal sino, al contrario, a una figura que la sociedad considera digna de respeto.

La vulgata de la investigación criminal ofreció entonces un amplio conjunto de posibilidades para tratar "el femicidio del country", con sus pericias psicológicas y psiquiátricas, los procedimientos forenses y los testimonios de presuntos testigos. Y con los audios y mensajes de WhatsApp recolectados en el teléfono celular de Claudia Schaefer y difundidos una y otra vez en la televisión y los portales de noticias.

Martha Ferro, periodista de policiales del diario *Crónica* y la revista *¡Esto!* en las décadas de 1980 y 1990, acuñó la expresión "policial tramontina" para referirse a los crímenes en contextos de pobreza. Marginales para la sociedad, los protagonistas de esas historias resultan, a la vez, también marginales para el periodismo que se considera serio. Son las clases altas las que atraen la atención y en particular las que detentan ese indicador de estatus: vivir en un barrio cerrado. Como parecía ser el caso de Farré y Schaefer.

–En los medios nacionales no sólo el *modus operandi* del crimen es central para determinar la noticiabilidad, sino que además es condición esencial que afecte a los sectores medios y medios altos –dice Brenda Focás, investigadora sobre medios del Conicet y el Instituto de Altos Estudios Sociales de la Universidad de San Martín–. Los asesinatos en "barrios acomodados" son asociados a la conmoción. En cambio, los asesinatos en "barrios marginales" no estarían acompañados por procesos de conformación de públicos, aunque sí podrían eventualmente tratarse de "buenas historias para contar".

El caso adoptó el nombre del asesino. Se convirtió en *el caso Farré*. Los contrastes no podían ser más extremos, del *management* empresarial a la premeditación de un crimen espantoso, de las pasarelas y los hoteles cinco estrellas a las comisarías, del jet set a los espacios tumberos: el buzón, la leonera, el pabellón donde se aparta a los violadores y femicidas para que el resto de los presos, como se dice, haga justicia. Farré era un ex ejecutivo de compañías multinacionales y las fotografías donde posaba con Kate Moss, Paris Hilton, Halle Berry y otras estrellas alternaron con las de su detención, llevado del brazo por la policía, con la cabeza gacha para esquivar a los fotógrafos, o inmovilizado boca abajo en el piso del chalet. Una vuelta de página que lo catapultaba sin transición de la revista *Caras* al *Diario Popular*.

Las fotografías eran una parte importante en su vida. Farré posaba sonriente, distendido, feliz sobre el fondo de playas del Caribe, la línea de cosméticos de la que era gerente, reuniones sociales y fiestas nocturnas. Pero su imagen pública era completamente distinta de la que conocían quienes lo trataban en la intimidad. El crimen lo arrojaba entonces a la luz con su aspecto más feroz: el retrato de su detención, esposado en el piso, un primer plano de su rostro ensangrentado y aun desafiante hacia los demás, completaba su álbum.

En el juicio oral y público, la fiscal Laura Zyseskind definió el crimen de Claudia Schaefer como "un femicidio de manual".

–Mucha gente identifica la violencia de género con la violencia física –explica–. Cuando le preguntamos a las víctimas si tuvieron episodios de violencia previamente, muchas dicen "no, es la primera vez que me pega". La violencia verbal, la violencia económica, no están registradas por las víctimas ni por la sociedad. En el caso de Claudia Schaefer se daban todos los aspectos. Había violencia económica, como demostraron las frases netamente peyorativas de los audios que se escucharon en el juicio: "vos administrá tu caja de bombachas y tu caja de zapatos y yo me encargo de los bienes económicos de la familia", "tenés un sueldito de mucama", le decía Farré. Él escondía bienes, escondía sus cuentas, mientras le reclamaba por el costo de una hamburguesa o por la peluquería a la que ella iba después de un viaje. Todo el tiempo denostaba lo que ella hacía en su trabajo, "vos andá a mover el culito a tal lado", le decía, como si no fuera capaz de desempeñarse laboralmente.

Farré se había desempeñado como ejecutivo de primeras marcas: Carrefour, Coca Cola, el Banco Santander, L'Oreal, Avon, Coty. En prisión le sacaría lustre a su *currículum vitae*, como si mereciera una atención especial por esos títulos: licenciado en Administración de Empresas en la Universidad Católica Argentina, con una especialidad en marketing en negocios internacionales en la Thunderbird School of Global Management de la Universidad de Arizona, becario Fulbright, hablante de cinco lenguas. Un ciudadano del primer mundo.

Su especialidad eran los productos de cosmética y fragancias. La belleza de la mujer. Un perfil de negocios que desarrollaba con actos de violencia y misoginia que no se limitaban a la propia casa.

—Muchas veces me insultó y me degradó —declaró Magdalena Verges, su secretaria entre 2010 y 2014, cuando lo denunció por maltrato laboral—. Farré era muy agresivo e irrespetuoso. Varias veces me hizo llorar, aunque él nunca me vio.

El 7 de octubre de 2014, por razones que la compañía no informó pero en coincidencia con la denuncia de la secretaria, Coty prescindió de los servicios de Farré como gerente general de su casa en Argentina y Chile.

—A él le estaba costando volver a insertarse, pero claramente no era una persona que estuviera en la calle —dice Zyseskind, fiscal especializada en violencia de género en los Tribunales de San Isidro—. Había percibido dos indemnizaciones y hasta tenía asesoramiento contable sobre dónde efectuar los depósitos de lo que percibía por las indemnizaciones para ver cómo pagaba menos impuestos. No era una persona a la que lo afectara sobremanera la situación, que no se pudiera reponer y seguir adelante.

El 16 de julio de 2015 Farré cobró 5.800.000 pesos (unos 645 mil dólares al cambio de entonces) de la empresa de cosméticos. Tenía otros 177 mil dólares en el banco. En declaraciones televisivas rebajó el monto y describió las negociaciones con Coty como una especie de aventura épica y a la vez oscura en sus motivaciones profundas.

—En Argentina los abogados cobran en negro un 12 por ciento —se quejó—. Tuve una negociación traumática en París en 2014, en la cual mi jefe y su equipo desaparecían. Había cosas de reestructuración de gastos. Eso implicó una negociación muy larga, que yo encabecé y que en Argentina se instrumentó a través de un abogado laboralista de (la bodega) Salentein, donde trabajaba mi mujer y que ella me recomendó.

El despido, dice Zyseskind, puso en crisis el imaginario que sostenía su visión del mundo, el estereotipo machista del hombre proveedor y la mujer que se encarga de las tareas del hogar. Claudia Schaefer salía a trabajar, mientras él, según sus declaraciones, tenía que quedarse a cuidar a los hijos. Sin embargo, la fiscal relativiza la versión de Farré como un padre dedicado a su familia.

–Era un matrimonio que venía desgastándose desde mucho antes de que se complicara su situación laboral. Los problemas de la pareja no empezaron con la ruptura de su contrato. En ese momento, en todo caso, Farré tuvo más tiempo para pensarlo. Muchas veces pasa que la rutina cotidiana tapa el desgaste de la relación y cada uno transita por caminos distintos pero a la noche volvemos a la misma casa y dormimos en la misma cama.

Ese ya no era el caso de la pareja. Schaefer había planteado su deseo de separarse a fines de 2014 y en febrero de 2015 dejó de compartir la cama con Farré. Desde entonces dormía en el cuarto de la hija mayor.

Pero él la hostigaba en medio de la madrugada, cuando se metía en la habitación y le encendía una linterna en la cara.

–Tenemos que hablar –le ordenaba.

También le sacaba fotos por sorpresa, introduciéndose en el baño mientras ella se cambiaba. La humillaba por su aspecto físico, tanto si la veía gorda como si le parecía flaca. Algunos de los audios que grabó Schaefer con su teléfono celular testimoniaron su hartazgo ante la situación.

–Andá a dormir, Fernando –le suplicaba–. Dejá de tirar veneno.

Una de las imágenes que llegó al juicio mostraba a Claudia con expresión desencajada, en la cama de abajo de una cucheta.

–No fue dos meses antes del hecho, se venía dando antes –enfatiza Zyseskind–. Él sabía que ella se quería separar y venía planeando con abogados su posición frente al posible divorcio. No fue algo que a él lo tomara por sorpresa, aunque ella tenía mucho más claro y más asumido que la separación iba a terminar en un divorcio. Farré no lo pudo ver o no lo pudo elaborar. No creo que fuera por una cuestión de sentimientos o porque la amara: él se aferraba a ese matrimonio porque al separarse se tenía que ir de la casa y con ella iba a perder la posición de poder en la familia que había conformado.

En marzo de 2015 la pareja comenzó una terapia con la psicóloga Ana María Rothman. Las sesiones fueron semanales hasta abril, y espaciadas durante mayo y junio, y concluyeron abruptamente cuando ella volvió a manifestar el deseo de separarse. Por primera vez en las sesiones él pareció perder la compostura, levantó la voz y mostró su irritación.

Farré no aceptaba irse de la casa que compartían en avenida del Libertador 1750. Atribuía los problemas de pareja a su despido de Coty, se quejaba de tener taquicardia y se mostraba angustiado por la falta de empleo. Claudia Schaefer contó que las desavenencias se remontaban a mucho antes, cuando le diagnosticaron autismo al hijo menor del matrimonio y se encontró sola, sin la compañía de su esposo, en las consultas y los tratamientos médicos.

La violencia que ejercía Farré no era un secreto. La familia, los vecinos y los compañeros de trabajo de Claudia Schaefer estaban al tanto. Las agresiones progresaban a medida que ella se afirmaba en su deseo de separarse.

"La maltrataba delante mío", dijo la hermana, Sandra Schaefer. Una vez Claudia fue a trabajar con la cara irritada, porque él la roció con un frasco de perfume. Farré llegaría a bajarse los pantalones en el hall de la casa, cuando su esposa estaba con su hija y una amiga, para mostrar sus genitales. Una profesión clásica de machismo.

Gabriel Calfat vivía en el piso de arriba de Farré y Schaefer. "A Claudia la vi golpeada en más de una oportunidad. Con moretones en los brazos y con el ojo lastimado. En el edificio todos sabían de la relación conflictiva con Farré. Yo le aconsejé que se separara; ella me contestó que tenía mucho miedo de que él la matara", declaró en el juicio.

En su período final en la empresa de cosméticos, Farré viajaba con frecuencia al exterior por reuniones de trabajo. "Era muy grande la diferencia en la cara de Claudia cuando estaba su marido y cuando no estaba", dijo Calfat.

El testigo conocía por experiencia propia la intolerancia del vecino: Farré lo había increpado armado de un picahielo, molesto por el volumen de la música que escuchaba.

–Tenían dos vehículos, una camioneta Audi y un auto BMW –agrega Zyseskind–. A veces el portero escuchaba decir a la señora: "hoy estoy castigada, me porté mal y me toca ir al trabajo con el auto". Aun en tono irónico, reflejaba lo que ocurría, el control del poder económico que él ejercía hasta en esos ejemplos tan cotidianos.

En las conversaciones que Schaefer grabó a escondidas quedó demostrado que Farré extendía el maltrato a sus hijos. Bajo la forma de un discurso de supuesto sentido común, representaba la figura del padre riguroso que llama al orden a su mujer, le exige que se dedique al hogar y le advierte a los hijos sobre los límites fijados por una presunta moral.

–Terminá de ser agresivo con los chicos –le pedía ella.

–No soy agresivo –respondía Farré–. Que maduren. La vida no es una joda, la vida no es "comprame el Minecraft, comprame esto, comprame lo otro". Que se pongan a estudiar. Vos vení y hacé los deberes con ellos. No te vayas a rascar las pelotas.

Schaefer no estaba sola. Su hermana, sus amigas, sus compañeros de trabajo, hasta los vecinos, escuchaban sus relatos, presenciaban el maltrato y la apoyaban en la decisión de separarse. Farré la acosaba con llamados telefónicos permanentes cuando sabía que estaba en una reunión, interfería en sus relaciones laborales y llegó a instalarle en el celular la aplicación *find my phone*, para rastrear su ubicación.

El 2 de agosto Farré reunió a los hijos y les dijo en presencia de Schaefer: "Ahora su mamá se quiere separar y romper la familia".

Ella le pidió que no los involucrara en una conversación de adultos y le advirtió que iba a grabar la conversación "para que todos escuchen su forma de expresarse". Cuando tomó el teléfono para registrar el audio, él se le tiró encima y la inmovilizó poniéndole la rodilla en el cuello.

Claudia pidió ayuda a los gritos, pero Farré no la soltó hasta que ella dejó el teléfono. La empleada doméstica trató de contener a los chicos, que lloraban y gritaban.

El abogado José Cárdenas le recomendó entonces presentarse en la Oficina de Violencia Doméstica de la Corte Suprema de Justicia de la Nación.

—Su intención (la de Schaefer) era protegerse ella y su parte de los bienes, nunca quiso perjudicar a Farré. Ninguna actitud de ella era para perjudicarlo —declaró Cárdenas.

Incluso trataría de resguardar a su marido en la denuncia, según el testimonio de la psicóloga Verónica Aumann, que la recibió en la OVD el 3 de agosto de 2015. En la entrevista, Schaefer confesó varias veces sus temores ante la reacción de Farré cuando se enterara de la presentación. "Mi abogado hace tiempo me sugirió venir acá ante estas situaciones. No quise venir porque pensé que las cosas iban a cambiar y él iba aceptar la separación", dijo Claudia en la OVD.

Cuando Schaefer se fue, quedó en claro que "había cosas que no había podido o querido contar", dijo Aumann. La OVD calificó el caso como de riesgo psicofísico leve. Más tarde, Farré se tomaría de ese diagnóstico para negar los malos tratos hacia su ex mujer.

—Para lo que la víctima decidió contar en ese momento, la OVD y el sistema judicial dieron la respuesta adecuada —afirma la fiscal Zyseskind—. Las víctimas de violencia a veces cuentan una parte y no todo, porque están tratando, y esto es lo que pasó en este caso, de proteger al violento, de que la situación no se complique más de lo esperado. Cuando una mujer denuncia un hecho concreto de agresión física puede pedir protección ante la Justicia de familia o iniciar una causa por lesiones en el fuero penal. Para que haya una denuncia penal se necesita que la víctima inste la acción. Ella no la hizo, decidió que él no se complicara más la vida.

La denuncia en la OVD fue derivada al Juzgado Civil número 106. El 7 de agosto, la jueza Marcela Sommer ordenó la exclusión del hogar de Farré y le impuso una prohibición de acercamiento a 300 metros por una semana.

—La exclusión del hogar y la restricción de acercamiento son medidas cautelares, que tienen un plazo determinado —sigue Zyseskind—. No es que al marido lo sacan y no puede volver más. Pero esto fue lo que se le representó a Farré en su cabeza: "Perdí mi casa". No pudo ver que era un paso en un proceso que lleva adelante una familia cuando toma la decisión de separarse, un proceso que va a depender de las partes, de la contención del sistema, de los abogados. Y son esos momentos los más álgidos, donde sobre todo hay que acompañar a la víctima, porque son los más difíciles para transitar y donde suelen darse los femicidios.

La jueza Sommer ordenó además a la Policía Metropolitana que le extendiera un botón antipánico a Schaefer, pero ella lo rechazó. Dijo que no le parecía necesario. Sin embargo, estaba atemorizada. Sandra Schaefer recordó que después de la denuncia Claudia se había quedado con mucho miedo y con la seguridad de que Farré "no me lo va a perdonar nunca".

Las represalias no tardaron en llegar. Farré cortó todas las extensiones de las tarjetas de crédito. Dos días después de la denuncia, Claudia quiso pagar en el supermercado con su propia tarjeta, y la rebotaron por falta de fondos.

—El punto de inflexión fue para Farré perder el control de la vivienda familiar, el departamento de avenida del Libertador —dice Zyseskind—. Para él era su lugar en el mundo. No lo pudo tolerar.

Lo había dicho él mismo, en una de las conversaciones grabadas:

—No tengo problema en terminar preso. Antes de que me saques de acá me voy en posición horizontal o a Ezeiza.

Ya se veía en la cárcel.

—¿Por qué me denunciaste, Claudia? —le escribió Farré por WhatsApp al día siguiente de que ella se presentara en la Oficina de Violencia Doméstica— Recapacitá. Yo no me quiero separar.

Negaba los malos tratos. Tampoco los reconocería después del crimen.

—Era un psicopateo mutuo —se defendió—. Había una violencia psicológica originada en el trauma de la separación.

La agresión en presencia de los chicos y la empleada doméstica había sido "un forcejeo". Una de las conversaciones grabadas por Schaefer registró su desconocimiento de la situación.

—Te estoy aclarando las cosas —dijo él, aparentemente conciliador— para que no creas que soy un monstruo y que no creas que yo, a pesar de lo que hiciste el otro día, te llamé y te dije...

—Fernando, ¿vos te diste cuenta de lo que vos hiciste?

—No fue tan grave.

—¿Cómo que no fue grave? Me agarraste del pelo, me tiraste contra el sillón, me pusiste tu rodilla en la cabeza, me apretaste para sacar un celular de la mano, me lastimaste, me reventaste las cervicales, me dejaste la cara marcada. Todo delante de los chicos.

Claudia Schaefer lo confrontaba con sus propios actos:

—El límite son los chicos y la violencia física y lo superaste. Me pegaste adelante de los chicos, esa es una imagen que no se la van a sacar nunca en su vida. Me podías haber matado.

Los audios, previamente difundidos a través de la prensa, fueron reproducidos en la sala de audiencias del Tribunal Oral de San Isidro donde se realizó el juicio.

—El maltrato psicológico es el más difícil de probar —dice la fiscal Zyseskind—. Con una pericia se puede probar a veces el daño psicológico, pero como suele pasar en las agresiones en violencia doméstica son cosas que transcurren entre cuatro paredes. Como sabía que en algún punto no le iban a creer, ella lo grabó en esas discusiones cotidianas que daban cuenta del tratamiento peyorativo y del maltrato verbal que este señor le infligía, incluso frente a los hijos.

El 10 de agosto la policía se presentó por sorpresa en el departamento. Farré tuvo que acatar de inmediato la orden judicial. En el apuro por salir, dejó a la vista comprobantes de las operaciones bancarias que había realizado en aquellos días. Claudia Schaefer se enteró recién entonces de que su marido había cobrado una indemnización millonaria.

Farré retiró los dólares que tenía en el banco, con destino desconocido, y abrió plazos fijos a nombre de su madre y de su hermano Alejandro, donde presuntamente depositó la indemnización. Como en el momento no se podían comprar dólares, invirtió además en bonos en pesos para que se los devolvieran en la moneda norteamericana.

El 11 de agosto se presentó en el Juzgado Civil para declarar por la denuncia sobre violencia. Tres días después, en una audiencia con Schaefer, aceptó el final de la convivencia, acordó un régimen de visitas y dijo que iba a vivir en la casa del country Martindale, "la Baticueva", como la llamaba. La exclusión del hogar quedó sin efecto.

Como parte del acuerdo, Farré se presentó el jueves 20 de agosto en el departamento de avenida del Libertador para llevar sus cosas. En las entrevistas televisivas recordaría ese momento para hacer una especie de reclamo:

–Tenía 500 libros, mi ropa, mis documentos. Era para hacer una mudanza, pero los abogados pactaron que todo fuera rápido. Tenía que haber ido con una mudadora, no lo hice y así me encontré con que faltaban seis valijas y documentos personales.

Schaefer le reprocharía haberse quedado con los documentos de los hijos. Fue la última extorsión de Farré: devolvería los documentos a cambio de que ella volviera atrás con la denuncia por violencia.

Ese mismo día Claudia pidió un embargo de la mitad de sus bienes, después de que su abogado investigara los comprobantes que había olvidado Farré. En el reclamo también ingresaban el departamento y los dos vehículos, los bienes gananciales del matrimonio.

Pero ya era tarde:

–Farré fue haciendo retiros por ventanilla –dijo el abogado José Cárdenas–. Un día sacó 60 mil pesos, otro 200 mil, otro 50 mil.

La indemnización se perdía en esos movimientos. El inversor Fernando Farré tomaría otra decisión: no pagar la cuota alimentaria de sus hijos.

Un informe elaborado por la Defensoría del Público de Servicios de Comunicación Audiovisual sobre la cobertura del crimen de Ángeles Rawson, la adolescente asesinada por el portero Jorge Mangeri el 10 de junio de 2013, relevó entre otras conclusiones un despliegue mediático "subordinado a una tendencia a espectacularizar el caso, en la que la narrativa ficcional es transpuesta a los noticieros y la función informativa relegada". En esa operación, "los medios no informan sobre los hechos ni sobre el estado de la investigación vigente, sino que comunican su propia construcción ficcional del caso".

–El caso de Ángeles Rawson marcó un punto de inflexión en la cobertura mediática de los femicidios, y en los modos en que las audiencias consumen esta información –dice al respecto la investigadora Brenda Focás–. El caso logró mantenerse por un tiempo considerable en la agenda mediática y además fue uno de los primeros en traspasar el ámbito del noticiero, para pasar a ser tema obligado en los programas magazine, como *El diario de Mariana, Intrusos* o *Intratables*. Eso permitió también que las audiencias actúen como fiscales, por ejemplo, culpando en principio al padrastro de Ángeles, a pesar de que las pruebas científicas apuntaban al portero, quien finalmente fue condenado a prisión perpetua.

El cuerpo de Ángeles fue encontrado al día siguiente del crimen, en una cinta transportadora de basura del Ceamse de José Luis Suárez. "La cobertura mediática del caso supone una violación de las reglas de la institucionalidad democrática, en tanto la configuración de relatos tendientes a criminalizar a los trabajadores de la Ceamse y a los familiares de Ángeles da cuenta de una inversión del principio de presunción de inocencia", destacó el informe de la Defensoría. A la vez, "los presuntos culpables son representados, inicialmente, por los trabajadores de la Ceamse a partir de una caracterización estereotipada y discriminatoria que se vale del imaginario socio-geográfico de lo marginal y de su inscripción narrativa en una atmósfera de inseguridad para facilitar el despliegue de una mirada acusatoria".

–Cuando digo que el caso Ángeles Rawson marcó un punto de inflexión –agrega Focás– también me refiero al rechazo generalizado que causaron algunas emisiones donde se mostraba el cuerpo de Ángeles en un basural, o las recreaciones de su cuerpo maniatado con sogas. En general la mirada de los consumidores de esta información fue crítica, de rechazo. Los periodistas de policiales deberían tomar nota al respecto.

El observatorio de medios del Equipo Latinoamericano de Justicia y Género cuestionó por morbosas las descripciones de la escena del crimen de Claudia Schaefer. "Si bien pueden resultar útiles para los investigadores", los detalles "son innecesarios para el público en general", dijo el ELA, para el que además "hay que destacar negativamente el uso de la imagen en esta cobertura: volvió a circular la famosa foto del femicida, ensangrentado, al momento de ser apresado, mirando fijo a la cámara". La imagen de Farré esposado se convirtió en una especie de condensación de la historia.

–En esos casos hay una tendencia a hacer del victimario un monstruo –dice Zoe Verón, la responsable del área jurídica del Equipo–.

Hablar de celos, de emoción violenta, mostrar ensangrentado al femicida y tratarlo de monstruo, es correr el foco del problema.

El movimiento #NiUnaMenos, entre otras cuestiones, también puso en crisis esa representación social, agrega Verón.

—Se pensaba, y se piensa todavía, que no tenían nada que ver con la sociedad. Pero en realidad los femicidas son la expresión más extrema de los micro machismos cotidianos. Generar un monstruo significa sacarte el problema y no ver que es algo que está en la sociedad, que forma parte del sistema patriarcal. Potencialmente cualquiera podría ser Farré. En el caso de Farré era notorio. Entonces, no es un extraño monstruo sino un sano hijo de nuestra sociedad, una construcción que se dio en esta sociedad. Hay algo sistemático que produce estos patrones. El desafío es por un lado modificar los modelos culturales donde se asientan estos procesos y por otro dar respuesta desde el Estado, porque claramente es una necesidad en términos de políticas públicas.

El psiquiatra Enrique Stola extiende la crítica a los colegas que, dice, diagnostican psicopatías por televisión:

—Los psiquiatras que hacen hincapié en esa cuestión son en general tipos muy machistas. Tratan de descalificar lo que la Comisión Interamericana de Derechos Humanos ha ratificado: no se puede negar la existencia del patriarcado y la dominación masculina. No es que no haya igualdad, no, dicen, son algunos hombres enfermos que agreden y nada más que eso. Entonces son hábiles servidores de la dominación masculina.

El femicidio de Schaefer, agregó el observatorio del ELA, "tenía todos los ingredientes de una pareja de clase alta, deconstruyendo el mito aún vigente de que la violencia contra las mujeres ocurre entre personas de escasos recursos".

—La clase alta se ha afianzado en su individualismo y su aislamiento y ha desarrollado actitudes defensivas en cuanto a que no se conozca lo que pasa dentro de cada casa —dice Enrique Stola—. Adoptan máscaras, muy hipócritas, porque tienen que vender una imagen de felicidad, de lo bien que nos sentimos con el consumo, de gente linda, de aquello que tienen, cumplir con las normas que el grupo le pide. Entonces se oculta fuertemente la insatisfacción afectiva, la violencia de los machos jefes de familias, las miserias que viven como clase dominante. Es un modelo de familia que se impone con la violencia.

Nada parecía más lejano que la violencia en las fotos de la familia Farré-Schaefer. El ejecutivo posaba invariablemente sonriente, rodeado por sus hijos o junto con su esposa, de vacaciones o en eventos públicos. Su máscara era una especie de expresión de chico bueno y mirada cómplice, que lucía un poco sobradora sin llegar a ser arrogante. Apenas podía notarse cómo la expresión de Claudia iba haciéndose más tensa, cada vez más distante de lo que la imagen pretendía mostrar.

La preocupación de Farré por las apariencias se exacerbó a medida que se agravó el conflicto con su esposa. Lo que se caía no era tanto el matrimonio como aquella imagen que había construido: la familia perfecta y el ejecutivo exitoso que viaja por el mundo y se codea con las estrellas.

–Cuando a Farré ya no le sirvió la foto de la familia feliz, se deshizo de su mujer –dijo la fiscal Zyseskind, durante su alegato.

El Código de Procedimiento Penal de la provincia de Buenos Aires admite la posibilidad de dirimir en juicios orales aquellos casos donde se traten delitos muy graves. El Tribunal se conforma entonces con un juez y un jurado integrado por doce personas.

El juicio por jurado de Fernando Farré ofreció así un motivo extra de interés para el periodismo. En la primera jornada, el abogado defensor Adrián Tenca se plantó ante los miembros del jurado y les prometió una revelación sorprendente: "Esta es una película de la que ya sabemos el final. Ustedes van a tener que desentrañar la trama que desencadenó el asesinato. De este juicio surgirá una historia oculta hasta ahora, una historia traumática y shockeante que conoció Farré pocas horas antes del crimen y que perturbó su conciencia", dijo el 28 de junio de 2017 en el Tribunal Oral de San Isidro.

La instrucción del caso estuvo a cargo de la fiscal Carolina Carballido, a cargo de la Fiscalía Especializada en Violencia de Género de Pilar, quien había sido cuestionada como "misógina" y "patriarcal" por referentes del movimiento feminista.

Carballido había acusado por abandono de persona a Yanina González, una joven de 23 años con un leve retraso madurativo, en la causa por el femicidio de su hija, de 2 años. La criatura murió el 17 de agosto de 2013 después de recibir una paliza del compañero de la mujer, identificado como Alejandro Fernández. "La fiscal ignoró en forma sistemática la manera en la que incide el entorno de una persona con discapacidad que, en este caso, no recibió ningún tipo de estímulo y fue violentada durante toda su vida por parte de su familia y por parte del Estado, que la abandonó por ser pobre, mujer y tener una discapacidad", denunció el Equipo Latinoamericano de Justicia y Género.

Yanina González pasó un año y seis meses detenida en la cárcel de Los Hornos, donde tuvo a su segunda hija, y finalmente fue absuelta, pero Carballido "cargó contra la mujer sentada injustamente en el banquillo, responsabilizándola por la muerte de la niña sin investigar al presunto femicida", dijo el ELA. En junio de 2018, Fernández resultó condenado a 24 años de prisión por homicidio simple, en un fallo de la Justicia de San Isidro.

La fiscal Carballido fue cuestionada además por su desempeño en el femicidio de otra nena de 2 años, en la localidad de Derqui, donde imputó a la madre, Celina Benítez, por abandono de persona. El crimen, precedido de quemaduras y de abuso sexual, había sido cometido por el padrastro de la criatura, quien se ahorcó en una celda después de ser detenido por la policía.

Benítez, de 23 años, denunció que recibió apremios ilegales en una comisaría del partido de Tigre. "Es necesario que haya una declaración explícita de que ella no tuvo la culpa de lo que pasó, que se trató de un femicidio vinculado y que la Fiscalía Especializada en Violencia de Género de Pilar la revictimizó y hubo violencia institucional", dijo la abogada Sabrina Cartabia Groba.

Si tuvo actitudes patriarcales en los casos de González y Benítez, la fiscal de Pilar no las mostró con Schaefer. Los episodios eran muy diferentes entre sí, para empezar por su repercusión: los de las jóvenes acusadas por la muerte de sus hijas se restringieron a publicaciones feministas y digitales, "el femicidio del country" ocupó la atención de los principales medios desde el momento del crimen.

En julio de 2016 Carballido elevó la causa a juicio oral y convocó a Laura Zyseskind para que compartiera el trabajo de la fiscalía en la segunda etapa del proceso.

—No se puede ir a un juicio por jurados en forma improvisada —dice Zyseskind—. Tuvimos que replantearnos estrategias para abordar la acusación y atravesar las audiencias preliminares. Elegimos cuál era la historia que íbamos a contar y así armamos los alegatos de apertura, pensamos cuáles eran los jurados que íbamos a elegir y cuáles eran las pruebas fundamentales para sostener la acusación y la estrategia de la defensa. Había que preparar muy bien los interrogatorios de nuestros testigos y los contrainterrogatorios. Y llevó mucho tiempo la selección del jurado.

El listado de posibles jurados surgió del sorteo anual del Ministerio de Justicia de la provincia entre los ciudadanos argentinos o naturalizados de entre 21 y 75 años. Después se hizo una selección para excluir a los que no podían desempeñarse en ese rol por razones legales, y sobre esa nómina se practicó un nuevo sorteo para elegir a 48 personas.

Los prejurados tenían que presentarse a una audiencia en el día de inicio del debate en San Isidro, para la selección final de los doce jurados en base a una entrevista con la fiscalía y la defensa.

—No se trata de elegir quién quiero que esté sino quien no quiero que esté, es decir, tratar de separar a las personas que puedan tener empatía con la teoría del caso de la defensa —agrega la fiscal de San Isidro—. Por eso es tan importante que en los preliminares la defensa delimite bien su planteo y defina cuáles son los hechos y los argumentos que se van a discutir. Nosotras organizamos preguntas tendientes a identificar parámetros que no queríamos que estuvieran presentes en el jurado, por ejemplo personas machistas. Nadie se va a reconocer como tal, no se puede preguntar algo así directamente; entonces a veces se indaga por preguntas indirectas, pero que tienden a dar respuestas relevantes. La defensa preguntó quiénes estaban a favor del #NiUnaMenos, ante lo que muchos levantaron la mano; después preguntó quiénes a pesar de estar a favor del #NiUnaMenos, estaban en condiciones de absolver al imputado si las pruebas indicaban que era inocente.

El paso siguiente fue una audiencia con el juez Esteban Andrejín donde cada parte planteó sus recusaciones de aspirantes al jurado. La defensa objetó a los que se habían pronunciado a favor del #NiUnaMenos, a lo que la fiscalía opuso que la mayoría habían manifestado que podían ser imparciales.

Los argumentos de la defensa eran menos novedosos que el estilo con que Tenca trataba de impresionar al jurado: Farré había actuado en estado de emoción violenta. El defensor jugó con el misterio y no mostró todas sus cartas hasta el final. El abogado había presentado una historia parecida al defender al portero Mangeri de la acusación por el femicidio de Ángeles Rawson.

Para que Farré fuera condenado a prisión perpetua, el voto del jurado debía ser unánime; en cambio, con cuatro votos favorables podía ser declarado inimputable, con tres el juicio debía hacerse de nuevo y con dos podía considerarse una condena por el artículo 81 del Código Penal, que impone hasta seis años de prisión al que comete un homicidio bajo emoción violenta.

–Sabíamos que la defensa quería extender el debate, para que el jurado se cansara y se diluyera la apreciación de la prueba –dice Zyseskind–. Nosotras tratamos todo el tiempo de acortar esos plazos y las jornadas en sí mismas porque la capacidad de atención de una persona común no es la que tenemos nosotros, entonces la gente se empieza a cansar, se dispersa. Los jurados tienen prohibido tomar notas, aunque pueden revisar la prueba física una vez que llegan a la deliberación. Solo contábamos con la atención que podían prestar a lo que producíamos en el momento.

Los cruces entre la fiscalía y la defensa empezaron en las audiencias preliminares.

–Por ejemplo, la defensa ofrecía como testigos a todos los médicos que habían atendido al señor Farré en el Hospital Alemán, desde cinco años atrás. No tenía sentido. Se trataba de pelear por qué testigos podía traer la defensa y qué testigos podía ofrecer la fiscalía. Muchos de nuestros colegas, con alguna ironía, nos decían "lo encontraron con el cuerpo y con el arma en la mano". Pero el juicio no estaba ganado.

Las imágenes de la autopsia, los audios grabados por Claudia Schaefer y los testigos aportaron una evidencia abrumadora. Las humillaciones, los insultos y el desprecio constante habían preparado el asesinato, lo habían construido como una especie de consecuencia lógica para Farré.

En la segunda jornada el juez Andrejin leyó el detalle de las 74 heridas. Según la reconstrucción que expuso el forense Cheuquel, el ataque comenzó con golpes, siguió con puñaladas y terminó cuando Farré degolló a Schaefer de espaldas. Ella tomó uno de los cuchillos por el filo, para contener el ataque, pero perdió movilidad al ser herida por puntazos en las muñecas.

Farré empleó tanta fuerza que dobló las hojas de los cuchillos.

–Las primeras puñaladas no fueron mortales sino para hacer sufrir, para decir "el poder es mío, yo soy el dueño de este cuerpo" –destaca Zyseskind–. Salvo las últimas, las de degüello, las heridas fueron para inmovilizar a la mujer, para evitar que se defendiera. Las lesiones en las manos eran para mí las más terribles: los dedos estaban casi seccionados y había cortes profundos en la zona de las muñecas. Las últimas, cuando dijo "ahora sí te voy a matar", fueron las de degüello y con una resultó más que suficiente.

La multiplicidad de heridas es innecesaria para provocar la muerte. Pero tiene un sentido preciso en el acto final de la violencia.

—Se busca, además, causar sufrimiento —dice Enrique Stola—. Salvo en los casos de los hombres que no tienen relación con las víctimas, aunque seguramente han atacado antes a otras mujeres, generalmente las mujeres que mueren de esa forma han sufrido una tortura. La violencia de género es una tortura. Claramente sus víctimas han sido torturadas hasta llegar a esa situación extrema.

La defensa trató de armar la pretendida historia oculta con un mensaje de WhatsApp que sugería una relación amorosa de Schaefer y con los testimonios de un psiquiatra y una psicóloga, para quienes la mente de Farré estaba disociada del crimen que cometía.

Entre los testigos, Gabriel Calfat lo definió como un misógino y dijo que sus maltratos a Schaefer como a las empleadas de su casa eran de conocimiento público en el edificio de avenida del Libertador. Farré se refirió más tarde a él como "un testigo falso" que le restaba valor al juicio.

La falsedad de Calfat habría consistido en dar cuenta de que vio a Schaefer con moretones en los brazos y la cara. Farré negó ser no ya un golpeador sino también un femicida, aunque tenía claro que representaba el paradigma de ese tipo de asesino.

—No van a encontrar ninguna mujer en el mundo que haya dicho "Farré me golpeó, Farré odia a las mujeres" —declaró a un programa de televisión.

Parecía no haber escuchado lo que decían los testigos al respecto, y en su presencia, durante el juicio oral.

En la última jornada hizo uso del derecho a decir la última palabra antes del veredicto y leyó una carta dirigida a sus hijos. Era un intento por mostrar lo que la fiscalía y los testigos le negaban: arrepentimiento, dolor, alguna comprensión del sufrimiento que había provocado y seguía provocando. Pero quedó la impresión de que se trataba de una nueva maniobra, otra utilización de los hijos para sus propios fines.

La carta era una sucesión de golpes bajos que parecían dirigidos al jurado, no a los hijos: llamaba a los chicos por sus apodos hogareños, mencionaba al pasar a una mascota, les decía que "Clau ya no está entre nosotros". Y no daba ninguna razón del crimen: "No puedo explicar ni justificar lo que pasó. El desenlace fue totalmente impredecible. Fue complejo", dijo.

Adrián Tenca afirmó que el testimonio no había sido planificado. El abogado defensor parecía sorprendido. Pero su declaración sonó tan poco verosímil como la versión que trató de presentar del crimen de Schaefer: una reacción de Farré al enterarse de una infidelidad amorosa.

El veredicto fue leído el 6 de junio de 2017, tres días después de la tercera marcha #NiUnaMenos. Por unanimidad, el jurado encontró a Farré culpable de homicidio agravado por el vínculo y por violencia de género, por lo que fue condenado a prisión perpetua.

—Hubo dos momentos en donde los hijos, sin estar presentes, tuvieron un enorme peso en el jurado —dice Zyseskind—. Uno fue cuando declaró la hermana de la víctima, que pasó a hacerse cargo de los chicos, cuando ella contó que Farré, a pesar de contar con recursos económicos, porque sus bienes fueron transferidos a nombre de su familia para evitar que ella echara mano de ese dinero en un divorcio, no pagaba la cuota alimentaria. Ahí el jurado tomó en parte la decisión. Fue muy fuerte escuchar que alguien que le quitó a los hijos su vida prácticamente, porque les sacó a su mamá, a su familia, les sacó su lugar, porque tuvieron que mudarse a la casa de su tía, les sacó a su papá, porque no pueden verlo ni contar con él, además de todo eso también los despojó de los recursos económicos mínimos y necesarios para sostenerse. Y el otro momento fue cuando él leyó la carta. Nadie le creyó.

Después de la condena, Farré dio entrevistas para la televisión. Reconocía su responsabilidad en el crimen, pero reclamaba ser considerado como otra víctima.

–Ella me pedía un paso al costado, quería un poco de aire –dijo, sobre las discusiones que tenía con Claudia Schaefer–. Yo era una persona enferma, mucho más enferma de lo que estoy ahora. Mi salud mental y física estaba totalmente deteriorada. Tuve dos intentos de suicidio, de los que me salvó Claudia.

Insistió en que el crimen fue un episodio irracional y que, como suelen argumentar los femicidas para no contestar por sus actos, no recordaba nada del suceso.

–Es una estrategia de las defensas –dice el psiquiatra Stola–. Lo que puede ocurrir es que, como el femicidio es un hecho tan violento, y más allá de que lo tengan pensado, llevarlo al acto implica un involucramiento total de sus emociones y psiquismo, seguramente hay algunas cosas que se van a olvidar en la acción, pero los femicidas son muy conscientes de que tenían como objetivo matar a la mujer.

Farré no sabía si llamarlo emoción violenta, pero se consideraba inimputable. "Algo explotó en mi cabeza que me llevó a hacer eso", decía.

–Estaba escrito por el destino –declaró, como quien se saca un problema de encima–. Es un karma, una tragedia familiar, dolorosísima, que tiene una víctima, que es Claudia, y un culpable, que soy yo.

Trataba de inspirar compasión con el relato de su ingreso a la cárcel. Había pasado tres meses en un pabellón, aislado, sin televisión, "en un limbo". Salió de ese estado en octubre de 2015, cuando le hicieron pericias psiquiátricas. "Sufrí un interrogatorio muy duro y caí a la realidad", dijo, y la realidad, la repentina conciencia sobre la dimensión de sus actos, lo llevó, de nuevo, a dos intentos de suicidio.

Volvía a sentirse deprimido, como después de su despido de Coty. Siguió un período en que estuvo medicado, según su relato, en una nebulosa de la que despertó para volver a esa situación sin escapatoria, la obligación de responder ante la ley. Por un *graph* –pese a la situación, Farré nunca perdía el tono, las referencias a su nivel cultural, los detalles que denotaban el estatus del que había sido– descubrió la brutalidad del crimen, las 74 lesiones que le provocó a su mujer. Otra vez sobrevino el extrañamiento: "No me reconocí. Me consideraba incapaz de dar 74 puñaladas a nadie. Ahí me empecé a dar cuenta de la realidad".

Sin embargo, en el juicio observó las imágenes de la autopsia sin mostrar ninguna emoción. Pero aunque no lo manifestara y su expresión permaneciera congelada en un rictus despectivo, según dijo se había horrorizado ante las fotografías "y a la vez no me sentía autor de ese daño". Compartía el estupor y el escándalo que cualquiera podía experimentar. Y se afirmaba en su extrañeza, en su falta de responsabilidad, ante el argumento de la acusación: "Se empezó a hablar de golpes para torturar, dibujar el cuerpo, como que yo era Hannibal Lecter, que hacía sufrir a sus víctimas y las mataba con el último golpe. Eso era absurdo".

Tampoco se alteró cuando en una entrevista por televisión reprodujeron los audios con sus insultos a Schaefer, al contrario, los escuchó con una especie de cansancio, con la resignación del que recibe un cargo por el cual ya ha respondido. Farré llevaba la cuenta, su mujer había grabado trece conversaciones y las agresiones eran mutuas. Pero sonaba dramático: no pensaba llegar vivo al juicio, no pensaba declarar, su único interés era escribir una carta a sus hijos. Y cuando volvió al penal después de recibir la condena una psicóloga lo contuvo, dijo, "para que no hiciera ninguna macana".

Farré se reconocía culpable, pero a la vez consideraba que no podía responder por el crimen. No había sido él quien empuñó las dos cuchillas, no había sido el especialista en marketing de negocios, el buen padre de familia, el ejecutivo exitoso. Reconocía que el asesinato de Claudia afectaba a sus hijos y a su familia; y también a sí mismo, alegaba.

–Una persona que mata a lo que más quiere en su vida es víctima de su propio acto –argumentó–. Si yo hubiera estado eso no lo hacía. Aparte de ser culpable me siento víctima.

Recurría a una idea planteada en el juicio por el psiquiatra Enrique De Rosa, y hablaba de sí mismo, del asesino, como de otra persona, como si un ser extraño hubiera ocupado su cuerpo en los cinco minutos que le llevó consumar el crimen y se hubiera retirado en el momento, para dejarlo con las consecuencias de sus acciones:

–La premeditación no existió, fue un crimen brutal, tengo entendido que el doctor De Rosa dijo que Farré tenía un trauma, que estaba en una nube, un desdoblamiento cuerpo-mente, y está comprobado en un 60% de los casos que ocurren en EE.UU., con personas de alto nivel intelectual. El doctor explicó que puede darse una situación de disociación, que el físico está en un lado y la mente en una nube, en otro lado. Yo no estaba ahí. Tengo recuerdos muy fragmentados. Un primer recuerdo de que me hicieron una curación en mi mano derecha, como que me provoqué cortes a mí mismo.

Farré tenía conciencia del significado del crimen y percibía el profundo rechazo que provocaba. Proclamaba sus sentimientos como padre y esposo. Pero la preocupación por el dinero –quería aclarar que no tenía tanta plata como se decía, se desentendía del problema de la cuota alimentaria de los hijos como si no fuera problema suyo– asomaba en las fisuras de su discurso, interfería entre lo que decía y lo que quería significar, vaciaba de sentido a sus palabras, volvía a resonar el diagnóstico de las pericias psiquiátricas: "un sujeto razonante y calculador" que "no presenta empatía".

Sin mencionar a la fiscalía, contestaba con desdén sobre su caracterización del crimen:

—Lejos de ser premeditado y a sangre fría, ocurre un acto bajo el concepto de inimputabilidad, del que yo no tenía conciencia. Es imposible hacer esa locura. No fue a sangre fría, fue a sangre muy caliente. A sangre fría se mata por la espalda, con un sicario, no delante de la madre, con dos abogados presentes.

Pero esa explicación era finalmente veleidosa, el narcisismo que las pericias psiquiátricas detectaron como afectado por la separación y el desempleo emergía completamente fuera de lugar.

—En la cárcel me dijeron que nunca habían tenido un interno que hablara cinco idiomas. Y ese momento, que lo considero un período de confusión, me parecía una buena experiencia. Yo había vivido en Nueva York, donde nació mi hija, también en París, y en la primera charla, cuando me preguntan cómo estaba, les digo "bien, nunca viví en una cárcel, me parece una experiencia interesante". La persona que dice eso, evidentemente, no está en sus cabales.

Según las psiquiatras Liliana Varela y Ana María Harlap, mató por "un ánimo preexistente de malestar, ira, celos o resentimiento". Algo de ese oscuro espíritu persistía en su memoria.

—Voy a tratar de no pudrirme en la cárcel —dijo, en alusión a un comentario atribuido a la fiscal Carballido, poco después de que el jurado lo declarara culpable.

—Fue una tergiversación —dice Zyseskind—. Algunos colegas nos plantearon la inquietud de que no fuimos demasiado profesionales por festejar en el momento de escuchar la sentencia. Para nosotras fue una sensación de alivio por lo que significó el juicio. Todo lo que tiene que ver con enfrentar al público para nosotros es una deuda enorme, tuvimos que aprender un montón de cosas, además con la presión extra de que iban a filmar los alegatos. Teníamos que hacerlo lo mejor posible, y eso significaba desandar toda la jerga técnica, nuestro vocabulario, los sobreentendidos. En ese contexto, cuando le preguntaron entre otras cosas por Farré, ella dijo algo así como "se va a morir en la cárcel", porque sacó la cuenta de todos los años que iba a pasar en prisión más los que tiene, pero después todo el mundo le preguntó si ella quería que se muriera en la cárcel. No, ni mucho menos. Pero nos ganó esta cosa que sentimos, estábamos muy convencidas de que nos había demandado mucho esfuerzo, y bueno, toda la emoción y la sensibilidad nos traspasó el cuerpo.

Farré se presentaba como una persona con problemas de salud y depresión.

–Yo venía muy mal, no podía aceptar la separación –dijo–. Estaba totalmente deprimido, medicado, con una psicóloga, un psicólogo, retiro espiritual, curso de *mindfulness*, clases de meditación. Empezó primero por un problema laboral, después de la negociación de un paquete indemnizatorio en Nueva York, seguido de problemas de salud graves, sudoración nocturna, taquicardia, dolores de pecho, ataques de pánico. Me estaba derrumbando, mi matrimonio era lo último que me quedaba. En la última etapa, en vez de viajar por el mundo por trabajo, estaba en mi casa, me aferré mucho a mis hijos. Le agradecía a Dios tener un hijo discapacitado, algo que siempre es motivo de conflicto en un matrimonio.

Es cierto que la violencia parecía parte de su entorno. Sandra Schaefer recibió amenazas desde una línea telefónica de Alejandro Farré, hermano del femicida. Y su madre justificó el crimen con comentarios despectivos hacia la víctima por "muchas irregularidades en la división de bienes". No preguntaba por los nietos, dijo la abogada que asistió a Farré hasta ese momento, sino por un sillón Luis XV y un espejo muy costoso.

El arrepentimiento no sonaba creíble a fuerza de exageraciones. Farré ofrecía un sacrificio que sabía imposible de llevar a la práctica, por absurdo más que por ilegal, pero pretendía sacar rédito de las intenciones de su presunta nobleza:

–En mis últimas palabras tuve un pensamiento que no dije. Fue pedirle al jurado que me diera cadena perpetua, pedirle al juez algo que no hay en Argentina pero sí en EE.UU., donde viví muchos años, que era la pena de muerte, por silla eléctrica o colgado del Obelisco. Porque había tomado conciencia de lo que había hecho, y para que eso sirviera para que no haya femicidios. Si esto repara en algo estoy dispuesto a hacerlo, si sirve de algo para la sociedad, que se siente muy ofendida. Pero que sirva para algo, para que no haya ninguna muerte más, para que no haya pobreza ni injusticia.

No estaba arrepentido de haber aceptado el juicio por jurados, pero tampoco conforme con su funcionamiento.

–Cuando viví en Estados Unidos tenía amigos que fueron jurados. Allá están protegidos de la prensa o de influencias. Yo creo en el juicio por jurados, es la voz del pueblo y el pueblo es el que toma la decisión. En un momento el juez les dijo a los miembros del jurado que no tenían que hablar con nadie ni leer nada. Todos sabemos que eso es imposible, evidentemente fueron influenciados. La Argentina se merece un imputado protegido de cierto hostigamiento.

Se había sentido hostigado por Calfat, el "testigo falso"; por un comentario al pasar que atribuyó a una empleada de la fiscalía y por "las miradas en la sala".

Reivindicaba, finalmente, la memoria de la víctima para negar las acusaciones en su contra:

–Claudia era una muy buena madre, se ocupaba de los hijos, era una mujer hermosa, inteligente, trabajadora, de mucho carácter. Jamás hubiera permitido que alguien le pegara. Ella era una mujer muy bien plantada, tenía las características de una mujer que no sufre violencia de género.

Enrique Stola fue el terapeuta de "Gabriel", uno de los jóvenes que acusó por abuso sexual al sacerdote Julio César Grassi. La denuncia originó en 2002 una investigación que concluyó el 21 de marzo de 2016 con la condena del cura a 15 años de prisión.

En el transcurso del proceso judicial, Stola recibió amenazas e intimidaciones. Enfrentó una campaña de difamación en la web –"decían que yo no era psiquiatra, querían que dejara el caso"– y fue atacado a golpes dos veces, en su casa y en su consultorio, donde transcurre la entrevista.

Stola dice que la presencia de testigos no suele ser una circunstancia accidental en los femicidios. Lejos de demostrar la falta de premeditación, como pretendía Farré, los femicidas encuentran en los testigos otro sentido para el crimen:

–Los femicidas están buscando el momento para matar –dice–. No siempre tiene que ver con una estrategia de ocultamiento sino de dónde y en qué momento pueden castigar mejor a la mujer. El mejor momento puede ser matar delante de los hijos, o matar a los hijos en presencia de la mujer, o matar a la mujer delante de la madre, para que vean quién es. No se trata solo de matar sino de castigar, de mostrarle a otros machos lo que hay que hacer, de mostrar a la familia quién se es, de que a pesar de todo tienen el poder de exterminar. En ese momento se juega la subjetividad del machista.

–¿Qué se castiga a través del crimen? –pregunto.

–El hecho de ejercer la propia libertad, de hacer algo que no está dentro de lo que el hombre supone que un objeto de su pertenencia debe hacer. Cuando la mujer hace otra cosa, viene el castigo. En los casos donde los tipos matan y se suicidan, no están matando obviamente por amor sino que se quedaron sin sentido de vida. Aceptar que ese objeto, tal como lo sienten, tenga una vida propia, es morirse para ellos.

–¿Cómo se entienden esos actos de violencia con las declaraciones de amor que hacen al mismo tiempo?

–Ese discurso de amor es un discurso mentiroso. Quieren meter la tragedia que han producido dentro de la creencia popular en el amor romántico. En ese amor en donde el hombre era capaz de hacer cualquier cosa por su amada, pero en la medida en que la amada se sometiera totalmente, entra esto, "la maté por amor", "no sé qué me pasó, era lo más importante de mi vida". Son conscientes de que es mentira, pero también de que tienen que sostener algún discurso para tratar de quedar lo mejor posible.

Schaefer tuvo conciencia del peligro que corría.

–Vos me querés destruir, siempre quisiste destruirme –le recriminó a Farré en una conversación grabada el 23 de julio de 2015.

Por más que lo intentaba, no la engañaba con sus presuntos intentos de reconciliación, sus reclamos amorosos, el tono de aparente tolerancia con que la escuchaba.

–Sos un hombre violento, no sos una víctima.

Pero no creyó que podía llegar al crimen. No le pareció necesario un botón antipánico. Las medidas de protección de la Justicia y el acuerdo en los términos de la separación parecían controlar la situación, poner un freno a la violencia, aunque no dejó de sentirse atemorizada.

–Cuando alguien dice "te voy a matar" no se expresa por simple enojo –dice Enrique Stola–. Esas palabras tienen un sustrato. Para decir algo así hay algún deseo y alguna fantasía y entonces ya está instalada una posibilidad. No importa dónde, no hay que juntarse nunca con alguien que amenaza.

Pero a diferencia de otros hombres violentos, Farré no profería amenazas. Era despectivo e hiriente de manera puntual: el trabajo, la retribución que recibía, la apariencia física, su desempeño como madre, no dejó nada sin agredir en la persona de Claudia Schaefer. Denigrarla era una forma de afirmar su poder, aquella que se desgranaba vertiginosamente: "Te saqué del fango", le decía.

Dejó entrever el propósito que maduraba sin perder la tranquilidad, sin levantar el tono de voz. "No tengo nada que perder" le advirtió en uno de los audios que grabó Schaefer, pero a continuación, en el mismo diálogo, aseguró que no era capaz de matar: "No soy un asesino", afirmó cuatro días antes del crimen. Al mismo tiempo decía la verdad y engañaba a su mujer.

No dijo que iba a matar y en rigor tampoco lo negó. Fue una enunciación tramposa. No mentía, porque efectivamente no había matado a nadie, pero inducía a creer que Fernando Farré, el ejecutivo, el que se rodeaba de las figuras del espectáculo, el que se preocupaba por la belleza de la mujer, jamás lo haría. Hasta introdujo la posibilidad del crimen irónicamente, cuando le dijo a Schaefer, burlándose, que "no murió nadie, por suerte" el día en que la sujetó contra el piso, inmovilizándola con la rodilla y la obligó a soltar el celular.

La negación de Farré se parece a un ocultamiento deliberado y adquiere su sentido cuando se piensa en que Schaefer comprendió la gravedad de la situación y trató de proteger su vida y la de sus hijos. Ella pareció tener la esperanza o la creencia de que en algún momento él caería en la cuenta de sus actos. "Hiciste todo para que me desenamore de vos", le dijo el 23 de julio de 2015. El resto de confianza que mantenía —confianza en que no la mataría— explica también los límites de su denuncia en la OVD.

El comportamiento "normal" de Farré hasta que se encerró con llave junto a Schaefer en el chalet del country Martindale pudo sorprender a los abogados, que no repararon en que dejaban sola a una mujer con el hombre que la había torturado durante años. Pero él había preparado la escena, tenía los cuchillos a mano. Más que tranquilo estaba reconcentrado en su plan criminal, y tenía que cuidarse de no llamar la atención. Farré no dio lugar a ninguna sospecha y tampoco se la dio a su mujer. Sus ironías, sus protestas, sus declaraciones de amor se multiplicaron en los últimos días, como si hubiera querido convencerla de que no le haría nada.

Mientras controlaba el agua para el té, y le preguntaba a la abogada si lo tomaría con azúcar o edulcorante, sacó el set de cinco cuchillos y lo dejó sobre la mesada. Cuando su esposa llegó, la saludó con indiferencia, hasta con aire ausente, mientras pensaba en cómo la mataría.

La promesa

Andrea Brelio atendía la tienda de ropa para damas Cavallino, en avenida Rivadavia 4513. Los sábados a la tarde hay mucho movimiento en esa zona de Caballito, sobre la esquina de avenida La Plata, y ella estaba charlando con su prima, Vanesa Brelio. Aun entre el ruido del tránsito pudieron escuchar el estallido del vidrio de la confitería Plaza del Carmen, sobre la vereda de enfrente. Enseguida les llamó la atención la cantidad de gente que empezó a reunirse en la calle. Y entre los curiosos vieron abrirse paso a un hombre que tenía la cara lastimada y esgrimía un cuchillo.

—Déjenme —dijo el hombre, y se dio una puñalada.

Había gritos, algunas personas corrían, otras intentaban ayudar al herido, le pedían que se tranquilizara. El hombre llevaba el cuchillo ajustado a la muñeca con una especie de correa.

—Déjenme —repitió—. Me quiero morir —agregó. Era canoso, de pelo corto y enrulado y vestía una campera de cuero negro.

Caminó unos pasos en el vacío que le abrían los curiosos y los vehículos detenidos en la esquina. Fue hasta un auto estacionado, trabó el mango del cuchillo contra la ventanilla y sin dejar de sostenerlo impulsó su cuerpo contra la hoja. Repitió el movimiento tres veces, hiriéndose en el pecho.

Sin embargo pudo tenerse en pie, aunque se movía en forma vacilante, con los brazos muy separados del cuerpo, como si caminara sobre una superficie inestable. Subió a la vereda y fue a sentarse en el umbral de la tienda Cavallino.

—No quiero hacer más cosas —dijo.

Pareció aflojarse, se dejó deslizar en el umbral hasta quedar acostado en posición fetal. Pero no soltaba el cuchillo.

En esa posición lo encontró unos minutos después el inspector Leandro González. La policía había recibido un llamado que alertaba sobre un herido de arma blanca, y ahí lo tenía.

El inspector le sacó el arma y se comunicó con la central para pedir una ambulancia del Same. Los vecinos le dijeron que además había una mujer herida en el bar. González cruzó la calle, entró en Plaza del Carmen por la puerta principal y vio a Gabriela Alejandra Parra en el piso, rodeada por personas que trataban de asistirla.

Le habían puesto un mantel en el cuello para contener la sangre.

Alejandro Daniel Bajeneta, el hombre que salió a la esquina de Rivadavia y La Plata ensangrentado y con un cuchillo, se consideraba un romántico. Gabriela Parra, decía, era el amor de su vida.

Habían sido novios. Se conocieron en 1985, cuando él tenía 23 años y ella 20. Vivían en Ingeniero Maschwitz. La relación duró tres años, hasta que se dieron cuenta de que sus caminos se separaban. Gabriela Parra se recibió de abogada, mientras Bajeneta empezó a trabajar como taxista.

Cada uno formó otra pareja y se casó. Los dos, también, terminaron por separarse con el transcurso de los años.

Bajeneta se había apegado a la familia Parra durante el noviazgo. Pese a la ruptura mantuvo el contacto. En su grupo de amigos estaba Fabián, el hermano de Gabriela. Se juntaban a jugar al fútbol y a comer asados.

Con el tiempo, después de mudarse a la capital, el taxista dejó de ver también al hermano de su antigua novia. Pero nunca olvidó aquel amor de juventud, y cuando se enteró de que ella se había separado se propuso encontrarla.

Aun bastante antes, el 25 de enero de 2010, ya había subido una foto de Gabriela Parra en su cuenta de Facebook, en un álbum al que llamó "La soñada". Era el nombre de un local de comida casera en Belgrano, del que tomó las otras dos fotos publicadas en la serie.

No pasó nada, entonces. Pero cinco años después, a principios de 2015, cuando supo que ella se había divorciado, Bajeneta consiguió el teléfono de Gabriela Parra. Y recordaba la dirección de su casa.

Empezó a llamarla, a enviarle mensajes de texto y de audio. Le decía que estaba desesperado de amor. Que sin ella la vida no tenía sentido. Que iba a suicidarse, si lo rechazaba. Que ya había intentado matarse una vez, porque tenía problemas laborales, familiares y de salud, y que en el segundo intento no iba a fallar.

—Gabriela me contó que en ese momento Bajeneta era un conocido, pero que había sido novio de ella cuando eran jóvenes —declaró Luis Carlos Burnovicz, un amigo de la abogada.

Ella se lo había presentado en un supermercado de Ingeniero Maschwitz, donde lo cruzaron por casualidad. O eso pareció.

Burnovicz escuchó algunos de los audios y leyó mensajes que había enviado Bajeneta. No eran agresivos, pero sí insistentes, monotemáticos. El taxista tenía la fantasía de retomar la relación.

Gabriela Parra se sintió tan agobiada que empezó por mantener el teléfono apagado. Después desconectó el timbre de su casa, porque él se prendía del portero eléctrico cuando ella no contestaba sus llamados.

La historiadora y socióloga Dora Barrancos suele contar que se hizo feminista a partir de un crimen de género. No exactamente por el asesinato en sí, sino por el modo en que fue justificado.

Exiliada en Brasil durante la última dictadura militar, se enteró del caso de una mujer asesinada a tiros por su pareja en una playa de Buzios. El asesino acusó a la víctima de adulterio. Barrancos vio por televisión una entrevista donde el abogado defensor, ante la pregunta por cuál sería su estrategia, "respondía con enorme soltura: legítima defensa del honor".

–Nunca había prestado atención a esos escandalosos deslices del Código Penal –dice, en su casa del barrio de Floresta.

Son los días en que se debate en el Senado de la Nación el proyecto de ley de interrupción voluntaria del embarazo, un adelanto de "las grandes conmociones que se esperan para el patriarcado", aunque la iniciativa sea rechazada por los senadores.

–La malla del asunto es la ínsita violencia patriarcal –dice Barrancos, a propósito del femicidio, o feminicidio, como prefiere–. Es una violencia que está contenida en la propia arquitectura del patriarcado. No todos los individuos feminicidas son iguales, desde luego. Además se inscriben patologías particulares en esas personalidades. Sin embargo, no escapa que hay una cuestión muy central en cualquiera de estas personalidades y es por un lado alguna indicación clara de subvaluación. Muchos de estos individuos tienen una suerte de caída y el objeto que está a mano para sobrevaluar la cuestión es la mujer. Lo que es inexorable es la articulación de los sentidos patrimoniales sobre el cuerpo de las mujeres. Hay un caso donde los jueces condenaron a un feminicida con sus propias manifestaciones, el de un tipo que mató a una chiquita de 12 años después de haberla violado y en todo momento dijo "era mía o no era de nadie". Esa posesividad es flagrante en estos individuos.

Habían pasado más de veinte años, y la vida de cada uno transcurría por caminos muy distintos y alejados. Pero Bajeneta creía que podían volver a unirse. No solo lo creía sino que parecía resuelto a convencer a Gabriela Parra de su idea.

–El tipo quería volver con Gaby cuando se enteró que estaba separada –dijo Burnovicz.

El taxista parecía un hombre galante, zalamero. A fuerza de repetirse, lo que se llama un pesado. Un modo de comportamiento donde a veces es difícil distinguir la seducción del acoso.

Bajeneta pareció entender, después de varios meses, que Gabriela Parra no tenía interés en revivir el pasado. Pero igual quería verla, "mantener una relación humana". Ella aceptó un encuentro con la idea de despedirse y cortar definitivamente el contacto.

Pese a que el taxista seguía mostrándose amable, estaba inquieta. No sabía si tomar las amenazas de suicidio como una especie de exageración romántica, una actuación o un peligro real.

–Por momentos ella tenía temor y por momentos no ––dijo Burnovicz–. Era muy confiada, de hecho quería tener esa reunión y decía: "Yo voy y arreglo todo". Quería terminar con las presiones.

Bajeneta aceptó su propuesta de despedirse. Dijo que le entregaría una carta y una medalla que atesoraba del tiempo en que habían sido novios. Un recuerdo que conservaba de la madre de Gabriela.

Quedaron para verse en Plaza del Carmen el 2 de mayo de 2015, a las 16.30. Burnovicz le recomendó a la abogada que se encontraran en un ámbito concurrido –el lugar y el momento parecían los indicados en ese sentido– y se ofreció a acompañarla. Como Bajeneta conocía a su amigo, ella le pidió que la esperara enfrente, en un local de Starbucks. Pensaba que estarían una hora, más o menos, "y con esa ceremonia se terminaba todo", recordó Burnovicz.

Gabriela Parra creía que Bajeneta no era violento. Pero no estaba del todo segura. Dijo que si había una discusión o se presentaba algún problema saldría a la vereda.

Tomó la precaución de llegar casi una hora antes a la cita, para elegir una mesa que estuviera cerca de la salida. Las cámaras de seguridad de la confitería registraron su ingreso a las 15.45 de aquel sábado. A esa hora el lugar estaba casi vacío. Se sentó primero contra la ventana del lado de Rivadavia, sobre la boca de salida de la línea A del subte, y después se pasó a la que daba sobre avenida La Plata, frente al Starbucks.

–Quiero que me vean de afuera y yo poder mirar para afuera –le dijo al mozo que la recibió.

Gabriela Parra y Alejandro Bajeneta hablaron durante una hora. En ese tiempo el bar comenzó a llenarse de gente. Había alrededor de cien personas cuando dieron por terminada la conversación.

Bajeneta llegó diez minutos después de la hora convenida y se sentó del mismo lado de Gabriela. Pareció llevar la iniciativa en la charla. Las cámaras de seguridad del local registraron el encuentro en imágenes sin sonido. Él se tomaba la cabeza, miraba a uno y otro lado y gesticulaba con algo de histrionismo, y de contrariedad, para apoyar sus palabras. Se lamentaba por lo que ella decía, ponía caras como si no lo pudiera creer. En un momento intentó tocar a Parra y ella se echó hacia atrás con la silla.

Pudo hacer todos esos movimientos sin que se notara el cuchillo que llevaba en la manga, bajo la campera.

Hablaron sin levantar la voz y sin ponerse de acuerdo. En la filmación se observa que Gabriela Parra recibió la carta prometida y la guardó en su cartera, sin leerla. No era más que una hoja de libreta. También recibió la medalla.

Bajeneta pareció resignarse. Llamó al mozo y dijo que él pagaría la cuenta. Eran las 17.53, según el reloj de la cámara de seguridad.

Se incorporaron a la vez para retirarse, y él se ofreció a ponerle la campera que Gabriela había dejado en el respaldo de la silla. Eligió ese momento, cuando ella le daba la espalda ante un gesto que suponía de amabilidad.

Bajeneta le puso la campera y la aferró del cuello. Deslizó el cuchillo de la manga a su mano derecha, y empezó a apuñalarla.

Gabriela Parra escapó al abrazo y cayó al piso, herida de muerte. Intentó rechazarlo con los pies. Bajeneta se lanzó sobre ella y volvió a apuñalarla otras dos veces, mientras dos mujeres que ocupaban la mesa de al lado salían corriendo.

Bajeneta retrocedió un par de pasos y contempló a la mujer, como si quisiera asegurarse de lo que estaba haciendo. Volvió a acometer una vez más.

Gabriela Parra alcanzó a gritar. Un cliente, Juan Pablo Basile, estaba por irse cuando la escuchó. Tomaba un café con un amigo, de espaldas a la escena, y notó una exclamación de mujer "ahogada pero fuerte" y ruidos de sillas y de mesas corriéndose. Al volverse la vio en el piso, a una distancia de tres metros, y vio que Bajeneta se aprestaba a un nuevo ataque.

–Lo único que yo quería era que el tipo se fuera, sacarlo de encima de la mujer –declaró Basile ante la Justicia.

Agarró una silla y se la estrelló a Bajeneta en la espalda.

El taxista se desplomó, pero volvió a pararse en el acto. Basile notó que tenía un cuchillo de "tamaño considerable". Empuñó la silla con fuerza y volvió a pegarle, por lo que Bajeneta, llevado por el golpe y por su propio impulso criminal, fue contra la ventana de la esquina de la confitería, rompió el vidrio que ocupaba el frente y salió a la calle.

Gabriela Parra se reincorporó y trató de sentarse, pero enseguida volvió a caer. Empezó a llamar a Burnovicz, que había visto el tumulto desde la planta alta del Starbucks e iba en su auxilio.

–Yo le decía que se quedase tranquila y recostada –recordó Basile–. En ese momento, apoyó la cabeza en el piso y vi que la aureola de sangre empezó a crecer.

Fue él quien le puso un mantel en el cuello, para tratar de contener la hemorragia.

El resto de los testigos se había dispersado, algunos habían tomado sillas y se habían puesto en guardia. Pero Basile fue el único que intervino en defensa de Gabriela Parra.

–Me pedía que me quedara con ella. Yo no sabía cómo ayudarla –se lamentó, en el juicio oral.

En medio de la conmoción, llegaron el inspector González y detrás Burnovicz.

–Cuando la vi me pidió que le diera la cartera –recordó Burnovicz.

Fue lo último que pudo decir Gabriela Parra antes de perder el conocimiento. Falleció cuando la llevaban en una ambulancia al Hospital Durand. Tenía 49 años, y dos hijos.

Bajeneta no permitió que Parra se fuera. Si lo dejaba, ella no podía vivir. Esa mujer le pertenecía.

En apenas once segundos le provocó siete lesiones mortales en el cuello, el tórax y el abdomen, con hemorragia interna y externa, según el informe de la autopsia.

La idea de que la mujer es propiedad de algún varón de la familia –el padre, el esposo, el hermano– fue el principal sostén de los llamados crímenes de honor. El hombre tenía asignado el control de la conducta de la mujer, sobre todo sexual. Las actitudes o acciones que no respetaban su autoridad lo afectaban en su honor y en su sentimiento de propiedad. El asesinato quedaba excusado por la afrenta que se adjudicaba a la mujer.

–El Derecho tiene un sujeto al que le habla, que es un hombre blanco de clase media. En base a ese supuesto no contempla otras realidades y se asienta en preconceptos sobre los roles de género –dice la abogada Zoe Verón–. Las obligaciones de hombres y mujeres dentro del matrimonio eran tradicionalmente distintas y las consecuencias también. Si una mujer engañaba a su marido iba presa, cometía un delito penal; después esa norma se derogó, pero en el derecho argentino la infidelidad femenina (no que los varones engañaran a las mujeres) constituía un delito. Lo que se estaba protegiendo era la pureza de la sangre y de la descendencia. En cambio, en los hombres constituía delito o podían ser demandados civilmente si no sostenían económicamente a esa familia, porque era su deber de hombres proveedores.

La jurisprudencia actual no ofrece ejemplos de aquellos fallos en que la infidelidad de las mujeres justificaba los asesinatos de los hombres. Pero en casos no muy lejanos pueden encontrarse usos del honor como defensa y comprensión de los criminales.

En mayo de 2004, el juez rosarino José María Casas condenó a 12 años de prisión a Pedro Hipólito Lescano por el asesinato de su esposa Patricia Alejandra Azcurra, de 28 años, en la localidad de Acebal. El juez lo imputó por homicidio simple y descartó el agravante del vínculo teniendo en cuenta que el acusado, un policía provincial, estaba "afectado psicológicamente" por haberse enterado de una supuesta infidelidad de su mujer.

Lescano le dio una paliza a Azcurra –como tenía por costumbre– y la llevó a un paraje rural, cerca del arroyo Pavón, donde continuó con el castigo. La mujer fue internada agonizante en un hospital de Rosario, donde murió después de que le extirparan un riñón, destrozado a golpes.

"En este caso un hombre que tiene antecedentes de ser violento mata a una mujer joven, con dos hijos y toda la vida por delante. Era un problema que se arreglaba con un divorcio. Pero le quitó la vida. Es decir, el honor de este señor vale la vida de su mujer", dijo entonces Susana Chiarotti, del Instituto de Género, Derecho y Desarrollo de Rosario.

Ante la repercusión periodística y las críticas de organizaciones feministas, el juez Casas hizo declaraciones a los medios. Respaldaba la versión de Lescano, según la cual cometió el crimen después de que su mujer le dijera que había estado con un amante en un hotel.

"No creemos necesario hacer referencia a los antecedentes agresivos de Lescano, aun cuando existen indicadores de que lo era sobre todo con su cónyuge", escribió Casas en su sentencia, y a renglón seguido: "la acción de golpear ha sido una respuesta, una reacción a ese conocimiento de la infidelidad de Azcurra dentro del matrimonio; en otras palabras, la existencia objetiva de esa grave circunstancia y su conocimiento por Lescano, si bien no justifican su reacción, sí de algún modo la atenúan por haberlo afectado profundamente en sus emociones y sentimientos, y en tal estado, actuado". Era lo que llamaba "circunstancias extraordinarias de atenuación".

–Este es claramente un crimen de género, un femicidio que el juez disculpa porque el acusado es un varón –dijo Chiarotti–. Tenemos a un juez que no es neutral, un juez patriarcal que está aplicando jurisprudencia de crímenes de honor, esos crímenes donde los hombres no matan para defender su vida ni sus bienes ni las vidas de otros seres queridos sino que están lavando lo que consideran su honor. Evidentemente, aquí el juez consideró que es muy grave engañar a un varón. El juez se está solidarizando con el señor.

Apelada la sentencia, en diciembre de 2004 Lescano fue condenado a prisión perpetua por la Cámara Penal de Rosario. El fallo pasó a ser citado en otras resoluciones sobre violencia de género. En particular el pasaje donde uno de los testigos declaró que, pese a que la golpeaba y denigraba de manera habitual, Lescano decía que no estaba dispuesto a divorciarse de la mujer, "porque le pertenecía".

La policía encontró en la cartera de Gabriela Parra un sobre de color beige que contenía una carta manuscrita en mayúsculas, con lapicera de tinta negra.

"Gaby jamás hubiera ni pensado que te toque otro hombre Cumplo con la promesa que nos hicimos Te amo mi nena", decía la nota que le había entregado Bajeneta durante el encuentro.

El taxista tenía un revólver de juguete y, además del cuchillo con el que asesinó a Parra, una navaja de metal con mango de madera, revestido con una cinta blanca que llevaba una inscripción: "Con todo mi amor para Gaby".

El crimen de género, dicen Marcela V. Rodríguez y Silvia Chejter en *Homicidios conyugales y de otras parejas*, suele ser la culminación de una historia de agresiones y maltratos. Un iceberg cuyo cuerpo late y navega fuera de la vista de los demás y que emerge a la superficie a través del asesinato.

"En este tipo de hechos es habitual no contar con testigos dado que ocurren en el ámbito del hogar", dicen las autoras, que examinan un conjunto de sentencias para centrarse en la dimensión sexista de las prácticas judiciales, tal como queda planteada en la apreciación de las pruebas, las argumentaciones de los jueces, las formas de nombrar y valorar la violencia.

Bajeneta no se ajustó a esas normas generales. El crimen ocurrió en una confitería que tenía sus mesas ocupadas, en una zona comercial de intensa circulación de personas, y quedó registrado "minuto a minuto", como proclamaron los canales de noticias, en las cámaras de seguridad del local. No había visto a Gabriela Parra desde la ruptura del noviazgo, si se exceptúan algunos cruces casuales, como aquel en que habría tomado la foto que subió a Facebook. Sus contactos eran telefónicos, porque ella rehuía el encuentro personal.

Estuvo internado en el Hospital Durand durante dos meses, en coma inducido. Y cuando se recuperó, le dieron el alta y lo llevaron a declarar, afirmó que no recordaba lo que había pasado. Que estaba al tanto, porque se lo había contado su abogada, Silvia Del Ponte, y había visto algo en la televisión y en internet, donde lo llamaban *El loco de Caballito*.

La Justicia decidió que lo examinara una junta médica integrada por los psiquiatras Esteban Toro Martínez, del Cuerpo Médico Forense, Esteban Piaggio, por la defensa, y Luis Alberto Kvitko, por la querella.

Bajeneta declaró que conocía a Gabriela Parra desde hacía muchos años, y también a la familia. Teniendo en cuenta los problemas de memoria que alegaba, aportó un detalle significativo sobre la relación amorosa de juventud:

—Estuvimos de novios hasta que ella conoció a un compañero de estudios, con el cual se casó.

Había sido entonces un hombre abandonado. Ya había sido rechazado una vez por Gabriela Parra, quien había preferido a otro hombre antes que seguir con él. Esa situación perduraba como una marca en su vida, desde el momento en que la mencionaba para contar la historia.

No solo negó el acoso, sino que lo dio vuelta. Unos diez años atrás, aseguró, ella lo había llamado con una excusa. Él la invitó a tomar un café, porque era un caballero, y comenzaron a verse de manera informal. Fabián Parra, el hermano de Gabriela, desmintió esa fantasía, que sintonizaba por otra parte con la costumbre de los criminales de responsabilizar a las víctimas por sus propias muertes.

El taxista hizo otra confesión: era adicto a las drogas desde hacía veinte años. Los análisis de sangre que le hicieron después del crimen detectaron rastros de cocaína. La declaración de Bajeneta al respecto apuntaba también en su propia defensa, que plantearía la inimputabilidad.

El olvido absoluto que manifiestan los femicidas, como el de Bajeneta a propósito del apuñalamiento de Gabriela Parra, suele ser más bien una especie de prueba de la intensidad de los recuerdos que los acosan. Sus blancos en la memoria son en realidad transparentes, y aquello que niegan emerge precisamente en las palabras que suponen menos comprometedoras: sus justificaciones, la manera en que reelaboran el vínculo con las víctimas.

Bajeneta confesó de puño y letra en la carta que le extendió a Parra: la asesinó porque consideró que si ella no era de su propiedad no podía vivir. La posibilidad de que estuviera con otro hombre le parecía inadmisible. El palabrerío sobre la supuesta promesa y el amor que le tenía no disimulaban sus razones. No la había olvidado, por más que él mismo se casara y siguiera su vida. En particular recordaba que ella lo había dejado. Un nuevo rechazo también le resultaba inadmisible.

Se delató por su esfuerzo en olvidar. No sufría amnesia, se negaba a recordar. Hablar era traicionarse. *No me acuerdo*, respondió una y otra vez a los peritos que lo entrevistaron, incluso cuando le mostraron la cartera de la víctima, la carta que le escribió —reconoció su letra— y la navaja con la dedicatoria. Y repitió esas palabras cuando se sentó ante el Tribunal que lo juzgó.

–¿Qué es la celotipia? –se pregunta Dora Barrancos y a continuación propone una respuesta–. Un grado de subvaluación del individuo, y cuando digo subvaluación digo inseguridad.

El crimen seria entonces para los femicidas una especie de compensación, una revaloración de sí mismos, la inyección de una virilidad que sienten desfallecer.

–La posesividad hace valiosos a estos individuos –agrega Barrancos, sobre los hombres violentos–. En la medida que tienen un cuerpo femenino tienen un patrimonio. Existe una cuestión social básica, una atribución de sentido por la que una mujer es una reificación, porque está hecha para el individuo varón, justificada para eso. "Ella existe solo para mí", y en la medida en que tienen esas conductas violentas encuentran su propio valor, porque ese cuerpo les pertenece. Y se sienten valuados positivamente por esa cuestión de matar a su compañera, su cónyuge. El patriarcado es eso, un sistema de posesiones que tiene la condición masculina y de articulaciones de valor con relación a eso que se dispone como cosa.

Bajeneta se afirmó en el crimen. No cometía un asesinato sino que cumplía con un compromiso, y la muerte de Gabriela Parra caía bajo el mismo telón de amor, responsabilidad y sacrificio. Las palabras y la sintaxis de la carta son significativas: *cumplo la promesa que nos hicimos* quiere decir que él ejecutó un juramento y que ambos fueron sujetos y objetos de esa sentencia de amor y de muerte. Tan significativo como el hecho de que el gesto convencional de caballero que le ofreció fue el señuelo para cometer el asesinato.

Su respuesta al respecto, ante el interrogante de los jueces del Tribunal Oral en lo Criminal y Correccional número 4, pareció un contrasentido.

–¿A qué se refirió con la promesa? –le preguntaron.

–A que si le pasaba algo a ella, yo me moría.

El psiquiatra Esteban Toro Martínez consideró que esa respuesta explicaba las heridas que se había infligido el taxista después del crimen y en consecuencia le daba verosimilitud a la promesa y al propósito suicida, los enlazaba en una secuencia. Pero había una trampa, porque en su explicación Bajeneta disociaba tácitamente la eventual fatalidad de sus propias acciones. Lo que pasó, finalmente, lo causó él mismo. Y la carta, a diferencia de su declaración en el juicio, involucró a Gabriela Parra en una decisión que a ella le resultaba ajena, para justificar el crimen no como una acción propia sino como una decisión compartida con la víctima.

Bajeneta fue a la cita en Plaza del Carmen con la carta, dos armas blancas –una con la dedicatoria manuscrita a Gabriela Parra– y un revólver de utilería. Una larga y minuciosa preparación, rematada con el detalle del cuchillo oculto bajo la campera, su as en la manga para terminar literalmente la conversación. La carta parecía proyectar un momento en que ella podría leerla y enterarse de la muerte de Bajeneta, pero el romántico enamorado resultó un asesino y los propósitos de darse muerte revirtieron en la mujer.

Construir un relato implica ordenar de cierta manera un conjunto de hechos y, por efecto del mismo movimiento, otorgar un sentido a esos acontecimientos. El periodismo no escapa a esa regla, en cualquiera de sus formatos, aunque la somete a la exigencia perentoria de capturar y mantener el interés de la audiencia.

La noticia está en desarrollo, para mantener y recrear el suspenso y la expectativa, pero la asignación de sentido debe ser inmediata. La audiencia, y en particular los televidentes, no pueden esperar un minuto hasta enterarse qué significan los hechos. El periodismo policial suele resolver esos problemas con frases breves y lugares comunes que apuntan a llamar la atención por su carácter impactante y por sus resonancias en la memoria colectiva del crimen.

Bajeneta se convirtió entonces en *El loco de Caballito*. Un trastornado –así lo definieron los psiquiatras– que pasaba desapercibido bajo el disfraz de taxista. Como un reverso negativo del estereotipo del héroe, en los relatos periodísticos el criminal suele ocultar su verdadera identidad bajo una apariencia inofensiva, insignificante. Una entidad extraña, misteriosa y desconocida bajo el ropaje de la normalidad.

El bautismo de los asesinos es una práctica histórica de la prensa. Si la vida de una persona, por muy complicada que parezca, consta en realidad de un solo momento, el momento en que sabe para siempre quién es, como dice Borges en "Biografía de Tadeo Isidoro Cruz", para los asesinos ese momento de revelación es el acto criminal. No importa quiénes fueron ni qué pueden hacer en la cárcel: el episodio que los define es aquel en que dieron muerte a otra persona.

Los criminales deben ser individualizados para que los lectores y los televidentes los recuerden fácilmente; para que sean familiares y permanezcan como ejemplo de las amenazas que enfrenta la sociedad. Así como la policía y la Justicia cuentan con diversas tecnologías y recursos para identificar y localizar a las personas, recolectar en un click sus datos, movimientos y antecedentes, el periodismo requiere que los protagonistas de la crónica policial puedan ser capturados en una frase, una imagen, un título, del que se espera simplemente que vuelva a repetirse una y otra vez.

Pero así como quedan congelados en un gesto, algunas palabras tristemente célebres, un *modus operandi*, los criminales fijan también a sus víctimas en determinadas imágenes y acontecimientos. Podría decirse que vuelven al lugar del crimen para apoderarse de la memoria que subsiste de ellas.

Bajeneta no solo asesinó a Parra sino que pretendió despojarla de su historia de vida. Quiso apropiarse de ella a través de una carta donde fabulaba una historia de amor —necesaria a los fines de legitimar el crimen ante sí mismo— y abonó esa invención con declaraciones falsas. La apariencia apocada con que se mostró al público —la expresión abatida, los hombros vencidos, la mirada en el piso– no le impidió sostener esas ficciones, como tampoco simular amnesia.

La imagen más difundida de Gabriela Parra resulta ser aquella que los medios levantaron de la cuenta de Facebook del asesino. Ella hace un gesto raro, con un brazo en alto. La vemos desde los ojos de quien la mató.

El loco de Caballito ingresó a la sala de audiencias de los Tribunales porteños con la esperanza de ser declarado inimputable.

Según un informe de la Junta Médica durante la instrucción de la causa, Bajeneta presentaba "un trastorno de la personalidad con ánimo distímico y antecedentes de uso de sustancias" y resultaba peligroso para sí mismo y para los demás. Por el escaso tiempo de estudio de que dispusieron los peritos, no era posible "afirmar ni negar que haya podido comprender la criminalidad y/o dirigir su accionar al momento del hecho". También indicaron que ese trastorno –un estado de depresión persistente– y el consumo de cocaína podían tener "una acción condicionante sobre su psiquismo al momento de los hechos". Los peritos coincidieron en que necesitaban nuevos estudios para dictaminar si el acusado era o no inimputable.

En la primera audiencia del juicio oral, el 24 de octubre de 2016, Bajeneta se declaró adicto a la cocaína, el alcohol y las pastillas desde que tenía 15 años y afirmó que había intentado tratarse las adicciones "pero no me escucharon". El Tribunal Oral número 4 suspendió el juicio hasta marzo del año siguiente, a la espera de estudios más precisos sobre el acusado.

En la reanudación del proceso, el psiquiatra Toro Martínez dijo que el taxista tenía "un rasgo de trastorno de la personalidad como base", a lo que se agregaba el estado depresivo y el consumo de drogas. La defensa le preguntó si el cuadro podía haber condicionado a Bajeneta en sus acciones. El psiquiatra del Cuerpo Médico Forense respondió que era condicionante pero no determinante.

El perito de la defensa, Edgardo Piaggio, afirmó que el trastorno de personalidad era constitucional de Bajeneta y se debía a que durante la infancia había sido tratado como paciente epiléptico. El crimen podía responder a un brote psicótico, "teniendo en cuenta que la cocaína puede producir psicosis", agregó. Pero se excusó de afirmar o negar que el acusado hubiera comprendido o no los hechos, porque contaba con pocos elementos y solo había tenido una entrevista con Bajeneta.

El psiquiatra Kvitko destacó la premeditación del crimen "con un arma con un mensaje" entre otros detalles y dijo que semejante planificación "demostraba que había habido conciencia, porque había habido un proceso, no un suceso". Además, "el hecho de tener un trastorno es condicionante o favorecedor pero no es imperativo de que lo lleve a uno a hacer algo".

El consumo de cocaína agravaba el trastorno de personalidad, según la evaluación de Kvitko, y además Bajeneta presentaba un síndrome disejecutivo, una lesión en el lóbulo frontal que afecta a los procesos y las habilidades cognitivas. Los síntomas más comunes consisten en la disminución de la capacidad de contener impulsos, las dificultades para cambiar de conducta ante las respuestas del entorno y la escasa aptitud para concentrarse y organizar acciones. No obstante, aclaró, Bajeneta había sido capaz de planificar el crimen y en consecuencia mostraba un estado de conciencia.

Cada uno de esos elementos, agregó Kvitko, "es un granito de arena que sumados permiten pensar que en estas condiciones el imputado pudo haber tenido una predisposición para cometer hechos contrarios a la cultura; es decir, hacer cosas que no son esperables de una persona normal". La duda de los psiquiatras era si Bajeneta "comprendía o podía dirigir sus acciones" y por eso habían pedido nuevos estudios psicológicos y neurológicos.

Un informe del Programa Interministerial de Salud Mental Argentina (Prisma) comprobó entonces "un déficit neuropsicológico específico en sus funciones ejecutivas", el mencionado síndrome disejecutivo, "con conservación del resto de sus funciones cognitivas no evidenciándose falla amnésica". Los exámenes neurológicos, el mapeo electroencefalográfico y la resonancia magnética no detectaron lesiones, alteraciones morfológicas o signos anormales.

El psiquiatra del Cuerpo Médico Forense describió conductas psicopáticas en Bajeneta, como la inclinación a cosificar a las personas y no reconocer la subjetividad de un ser humano, "y eso es lo que se entiende como que no reconoce lo que hizo". Para el de la defensa todo el cuadro armaba "una cosa rara".

–Cita a una mujer un sábado a las 17 horas y la mata en ese lugar. Eso no es normal –dijo el perito Piaggio, lo que pareció una obviedad–. ¿No lo podía hacer oculto el hecho? ¿Qué pensaba este hombre?

Piaggio definió a Bajeneta como "un desastre" y dijo que tenía el cerebro dañado y "estaba mal por toda la cocaína que tomó".

–Intentó suicidarse de una manera que no fue una simulación –agregó–. Quería matarse definitivamente, pero nos queda la duda. No sabemos si él tenía planeado suicidarse o si lo hace por impulso luego de esa conducta.

La pericia ampliatoria concluyó que no habían surgido "indicadores médicos fehacientes y de entidad suficiente que orienten a pensar que Alejandro Daniel Bajeneta no hubiera poseído la autonomía psíquica suficiente como para comprender y/o dirigir su accionar al momento de los hechos descriptos en autos desde el punto de vista psicosiquiátrico".

No había loco ni nada que se le pareciera, aunque Bajeneta seguiría ostentando ese título en los recordatorios de la prensa.

La cuestión de si podía aplicarse al homicidio el agravante por haber sido cometido contra una ex pareja y el concepto mismo de femicidio en el Código Penal se sumaron a la historia clínica de Bajeneta como ejes del debate en el juicio oral.

El presidente del Tribunal, Julio César Báez, citó dos fallos donde se planteaban distintos enfoques sobre el concepto de pareja. Uno, de junio de 2015, estableció un período mínimo de dos años de convivencia; otro, de 2014, planteó una interpretación más amplia, para alcanzar cualquier tipo de relación afectiva que una al victimario con la víctima, haya o no convivencia. El caso Bajeneta-Parra respondía al segundo criterio.

La jueza Ivana Bloch manifestó su desacuerdo con la aplicación del agravante por femicidio. Por culpa del periodismo, dijo, en general y a la vez en particular en el caso de Parra, se tomaba al concepto de femicidio en su acepción más amplia –por cualquier homicidio de una mujer– cuando el Código Penal lo restringe a los crímenes en que media violencia de género. El riesgo es que "se encuentre en toda muerte de una mujer el costado sexista o misógino", y de hecho, según su opinión, "muchas veces se alude a la noción de género cuando son casos que deben subsumirse exclusivamente en homicidios agravados por el vínculo".

El concepto fue introducido en 1976 por Diana Russell para definir el asesinato misógino cometido por hombres, como medio de controlar a las mujeres como grupo y para mantener el *statu quo* del patriarcado. Pero cuando se habla del femicidio desde una instancia penal, argumentó la jueza, no siempre se entiende lo mismo. Puede tratarse de todo homicidio de una mujer, de la relación que tenían la víctima y el victimario o del motivo del asesino. El inciso 11 de la nueva ley, el agravante, corresponde a la última acepción.

Bloch citó la definición de femicidio de la Corte Interamericana de Derechos Humanos –"homicidio de mujer por razones de género"– y un fragmento del voto de la jueza Patricia Llerena en la sentencia contra Lucas Azcona, quien "seleccionó a una mujer para darle muerte y la motivación que tuvo fue justamente que era mujer". Pero en la práctica, "error que se amplifica en y por los medios de comunicación y que encuentro presente en el propio caso en estudio", el concepto "se ha tomado en su acepción más amplia".

En el crimen de Gabriela Parra, sostuvo Bloch, no hubo violencia de género. "Ni siquiera –a diferencia de otros casos– se trató de una reacción ante un intento de independencia de la mujer respecto de un dominio permanente de su pareja, porque Parra hacía tiempo que llevaba una vida desligada de Bajeneta y nunca estuvo bajo su dominio económico, afectivo, etc", agregó. El caso "se asemeja a una obsesión a partir de la frustración de alguien sentimentalmente no correspondido, lo que no reconoce género".

Ninguno de los peritos que intervinieron en la investigación habló de obsesión. La jueza tomó la palabra de la declaración de Burnovicz, que no le dio mayor alcance que el del sentido común. El tipo de hostigamiento que desplegó Bajeneta, su acoso reiterado, puede remitir más bien al orden de inconductas que señala Dora Barrancos, acciones tradicionalmente aceptadas como parte de las relaciones entre hombres y mujeres donde la línea de la violencia es fluctuante, inestable.

–Las fórmulas del acoso pueden ser tanto conductas muy inadecuadas como formas aberrantes, donde hay actitudes más severas, tentativas de violación o violaciones –dice Barrancos–. Mientras tanto hay una cantidad de inconductas difíciles de tipificar como delictivas. Una cosa es la seducción donde entramos en un juego porque hay paridad, y otra, dentro del orden jerarquizado, la seducción entendida como alguien que acosa y provoca una perturbación en la mujer.

El psiquiatra Esteban Toro Martínez señaló que Bajeneta fue intenso en el ataque contra Parra, con la que ya había sido verbalmente insistente. Había una continuidad, el crimen era el acto final del acoso, y que ocurriera a la vista del público no entrañaba ningún misterio, como pensaba el perito de la defensa, porque al taxista "no le importaban las consecuencias de su obrar preordenado", dijo la jueza Bloch.

Bajeneta mató a Gabriela Parra porque ella lo rechazó. Como otras mujeres víctimas de violencia de género, murió porque se negó a la posesión que reclamaba el taxista, porque sostuvo su derecho a la libertad.

Al margen del consumo de drogas y los problemas neurológicos, había una matriz social en el comportamiento de Bajeneta.

—No habría crímenes si antes no estuviera invocada y autorizada socialmente la violencia, la violencia del régimen del improperio —dice Dora Barrancos—. A veces se necesita solamente un tratamiento negligente del otro, una secundarización del otro aunque no se diga nada especial. "No es que me trataba mal, no me trataba, no estaba suficientemente reconocida". Después están obviamente las formas más crueles. En un vínculo, la negligencia, la atonía emotiva, el no reconocimiento, pueden ser también formas de violencia.

Si el femicidio es el desenlace de una especie de construcción, una situación forjada a través de actos, palabras y gestos más o menos solapados de violencia que introducen finalmente la posibilidad del crimen, Bajeneta parecía insospechable. No recurrió a los golpes, no amenazó, no insultó. Parra lo conocía, habían sido novios durante varios años y conservó un resto de confianza hasta el último momento.

Pero la violencia de Bajeneta era de otro orden, el del acoso, y la prueba está en que Gabriela Parra llegó a inquietarse ante su insistencia, y a sentir hartazgo y temor por su creciente presión.

El galanteo, la conquista amorosa se convirtieron en persecución y hostigamiento. Más que con la cocaína, Bajeneta parece haberse estimulado con los más rancios lugares comunes del discurso amoroso, como sugiere la carta que escribió y el imaginario invocado, el del enamorado que prefiere morir antes que vivir sin su amada.

El juez Báez fundamentó el cargo por violencia de género en una extensa argumentación que citó el voto del juez Fernando

Ramírez en el fallo por el asesinato de Ángeles Rawson, transcribió normativas internacionales y definiciones de convenciones de derechos humanos y resumió la historia de la ley 26.791 –que incorporó el femicidio como agravante del homicidio, en 2012– y el debate parlamentario que precedió a su sanción.

También citó alegatos corrientes contra el femicidio como tipo legal –por inconstitucional y discriminatorio–, para rebatirlos y sentar su posición a favor del agravante, considerado a la vez como "un expediente dirigido a cumplimentar la obligación estatal de incluir en su legislación interna las normas penales que sean necesarias para prevenir, sancionar y erradicar la violencia contra la mujer".

En el caso concreto de Bajeneta, "se desprende de los hechos probados que la conducta abusiva es, inequívocamente, un hecho de violencia de género, así definido por la normativa internacional y nacional, y que la muerte de Parra se presenta directamente determinada por ese acto", dijo Báez. El tercer integrante del Tribunal, Adolfo Calvete, adhirió a su posición. En definitiva, quedaban acreditados tanto el agravante por la relación de pareja como el de la violencia de género.

El uso de la biología para explicar conductas, actitudes y valores, dicen Rodríguez y Chejter en *Homicidios conyugales y de otras parejas*, ha sido recurrente para sostener la superioridad de los varones sobre las mujeres como clase, sea basándose en la genética, las hormonas, el ADN, la genitalidad o cualquier otra razón vinculada.

La biología también ha funcionado como recurso para justificar crímenes de género, en particular crímenes sexuales: el lugar común consiste en que los varones son biológicamente agresivos, dominantes y necesitan desahogos sexuales, mientras las mujeres son más débiles, más pasivas.

Los homicidios se explican entonces como hechos aislados, sucesos para los que determinados hombres tuvieron una predisposición biológica que no pudieron evitar, "en lugar de entender a los femicidios como una cuestión política y social", escriben Rodríguez y Chejter.

La dimensión social de la violencia de género se pierde de vista cuando los problemas de personalidad del criminal son el foco exclusivo de la observación. "De este modo, se pretende caracterizarlos como hechos aislados, episódicos, anecdóticos –agregan las autoras–. Los homicidas se presentan como hombres desviados de la normalidad o de la sanidad mental". Pero no hay doble vida sino una sola.

–Quiero justicia, porque lo que siento lo voy a sentir siempre –había dicho Fabián Parra, el hermano de Gabriela–. Pero quiero que él no se esconda ni baje la cabeza –agregó, en alusión a Alejandro Bajeneta.

El taxista seguía con la cabeza sumida entre los hombros y la vista perdida cuando escuchó la sentencia. El 4 de mayo de 2017 el Tribunal Oral en lo Criminal Nº4 lo condenó por mayoría a prisión perpetua por homicidio triplemente agravado por alevosía, por haber sido cometido contra una persona con la que mantuvo una relación de pareja y por haber mediado violencia de género.

–Me someto a lo que decida la Justicia –dijo Bajeneta, antes de escuchar el veredicto.

Pero la defensa apeló el fallo.

Alguien que camina por atrás

El 15 de julio de 2014 Lucas Azcona llegó una hora tarde y con el rostro ensangrentado a su trabajo en el Sanatorio Julio Méndez, en Avellaneda y Acoyte de la ciudad de Buenos Aires.

—Tuve un accidente —dijo—. Me asaltaron.

Le contó a Blanca Villagrán, encargada de mantenimiento, que tres hombres habían intentado robarle y al resistirse lo atacaron con un cuchillo y le provocaron cortes en una mano. Fue más explícito con otra compañera de trabajo, Vanesa Sandoval, a quien le dijo que se había dormido en la línea A del subte y cuando despertó estaba en la estación Primera Junta; caminó unas cuadras y al llegar a la calle Yerbal se encontró con los supuestos ladrones.

Sandoval notó que se había sacado una remera blanca, que también se veía enrojecida.

—Me sangró mucho la nariz —explicó Azcona.

Le habían querido robar la mochila y el celular, según su relato.

—Estaba tranquilo, siempre tranquilo —declaró más tarde Sandoval—. Yo era la que estaba más preocupada, porque él estaba totalmente tranquilo.

Unas horas más tarde la noticia del asesinato de Nicole Sessarego Bórquez, una estudiante chilena de 21 años acuchillada en Almagro, comenzó a ser difundida en los canales de televisión y los portales de noticias. La policía trataba de localizar a un taxista y pensaba que el crimen había sido cometido por un conocido de la víctima. Había sido a unas veinte cuadras del hospital, pero nadie sospechó de Azcona, un empleado de mantenimiento que parecía un poco raro, "pero no para hacer semejante cosa", según su compañera de trabajo. Nadie desconfió de su relato, porque "pasa a diario, en la televisión vemos los asaltos".

Azcona mantenía una especie de expresión de sorpresa mientras recibía los primeros cuidados. Como si no entendiera por qué los demás se preocupaban por algo que, para él, no era tan importante. Esa mañana lo derivaron al Hospital Sirio Libanés, donde le dieron cuatro puntos de sutura.

–Esta es la herida –dice Azcona, en la cárcel de Ezeiza, y con el índice izquierdo traza una línea en su mano derecha, entre el dedo índice y el pulgar.

Nicole Sessarego estaba desde febrero de 2014 en Buenos Aires, con una beca de seis meses para cursar una especialización en la carrera de Ciencias de la Comunicación. Tenía previsto volver en agosto a Valparaíso, donde había nacido el 2 de abril de 1993 y donde vivía con sus padres y su hermano menor.

–Yo estaba en la casa ese día –recordó Shirley Bórquez, madre de Nicole Sessarego, en el comienzo del juicio oral por el crimen de su hija–. Iba a preparar el dormitorio porque faltaba un mes para que ella llegara, entonces dije "vamos a empezar a adornar esto bonito para cuando llegue". Entonces recibo un llamado en mi teléfono y mi marido llorando me dice "pon las noticias, la radio, algo pasó". Con los nervios pensé que él había tenido un accidente, no supe qué pensar.

Víctor Sessarego, su esposo, lo había escuchado por la radio mientras trabajaba como conductor de micro. Eran títulos, flashes informativos, "Chica chilena fue asesinada en Buenos Aires", "Su nombre es Nicole".

–Cabía la posibilidad, por eso corrimos a los carabineros, a quienes les contamos la situación –dijo Bórquez–. Entonces nos acogieron y nos llevaron al centro de la ciudad, donde está la policía de investigaciones, y fue ahí, después de un par de horas, donde nos dijeron que sí, que se trataba de mi hija.

Azcona era operario de la empresa de servicios La Montavana. Cumplía horario de 6 a 13 y hacía tareas de limpieza en la Unidad de Terapia Coronaria del hospital. Su día comenzaba bastante más temprano: como vivía en San Francisco Solano, se levantaba a las 3 para tomar un colectivo y después el tren que lo dejaba alrededor de las 5 en la terminal de Constitución.

Según la evaluación de Blanca Villagrán, "obedecía las cosas que le mandaban a hacer y las hacía bien". No veía nada llamativo en su trato con las personas, "era normal, saludaba, hacía su trabajo y nada más". La jefa de Recursos Humanos de La Montavana, Alejandra Zonta, tampoco tenía motivos de queja: "Era una persona correctísima. No tengo nada para decir de él".

Se mostraba serio y callado. Llevaba al hospital cosas para vender: ropa de mujer y alguna vez, según Vanesa Sandoval, también celulares. Ella pensaba que podían ser robados, él decía que se los daba un amigo. Ya había vendido ropa en el Hospital Ramos Mejía: mercadería nueva, de calidad, que conseguía a buen precio en la calle Avellaneda. En esos momentos hablaba un poco más. Las enfermeras le compraban.

Sandoval no llegó a ser su confidente, pero sí la persona con quien más habló en el hospital. Azcona le contaba cosas de su hermana Milagros y de su padre, Roberto, encargado de mantenimiento en un hospital para niños. También le dijo que unos años antes había vivido en Chaco, donde tenía un hijo, y que se había ido por un problema del que no le dio detalles.

A veces, sobre todo los fines de semana, cuando compartían la misma guardia, se encontraban en Constitución e iban juntos al hospital en un colectivo de la línea 84.

A Sandoval le llamó la atención que Azcona se bajaba con frecuencia antes de la parada que correspondía, aun a riesgo de llegar tarde.

–Quiero caminar para despejarme –era su explicación.

Los psiquiatras sospecharían que esas caminatas eran parte de sus rituales de exploración urbana.

Una vez él la quiso abrazar y ella lo rechazó. Volvió a intentarlo días después y aun una tercera vez, con el mismo resultado.

–Le dije que no, que así no tenía que ser –recordó Sandoval en el juicio–. Lo entendió.

Azcona también intentó acercarse a otras empleadas de mantenimiento, con el mismo resultado. El rechazo no lo enojaba. Pero tampoco dijo nada. Se lo tomó con su tranquilidad habitual.

Había llegado a principios de año trasladado desde el Hospital Rivadavia, después de pelearse con un encargado, al que acusaba de robar plata de su sueldo. En el Sanatorio Méndez "fue mal visto de entrada" entre los compañeros de trabajo, que sin llegar al *bullyng* lo hacían a un lado por su manera de vestir y "porque era muy callado y cuando hablaba se trababa mucho", según Sandoval.

–Yo le dije a los chicos de la guardia que no fueran así, que fueran compañeros –recordó la compañera de mantenimiento.

Azcona cuenta que trabajó en cinco hospitales, "en parto, cirugía, dermatología, en todas las especialidades". En el juicio se planteó la hipótesis de que robó un bisturí del sanatorio Méndez, con el cual asesinó a Nicole Sessarego Bórquez y al que también habría recurrido para atacar a otras mujeres, aunque él lo niega y dice que utilizó un cuchillo que compró el día anterior del crimen en una ferretería. El arma, en todo caso, nunca apareció.

En su experiencia de trabajo destaca su etapa en el Hospital José María Ramos Mejía.

–Lo primero que me dijeron fue que no me hiciera amigo de los pacientes –afirma.

Atribuye la recomendación a un compañero de trabajo. Azcona dice que no hizo caso del consejo y trabó relación con dos pacientes internados en el hospital, un hombre con el que a veces pasaba su media hora de descanso charlando, y en particular una adolescente que estaba en el sector de oncología.

El personal de limpieza suele pasar desapercibido. Son esos empleados que se mueven en una especie de segundo plano, en silencio, sin que nadie les preste atención. Incluso cuando cumplen tareas riesgosas, como colgarse de los edificios para limpiar ventanas y persianas, algo que hacía Azcona. En los hospitales el mantenimiento está tercerizado, y las rotaciones son frecuentes, por lo que los empleados parecen de paso en los lugares donde trabajan.

Azcona tenía el perfil ideal para ese puesto.

—Yo era mudo, callado, solo limpiaba —dice—. Era una sombra.

Pero esas personas cuya presencia no parece notarse a veces esperan, precisamente, el reconocimiento de los demás. Nadie parece reparar en el trabajo que hacen, nadie lo considera importante, aun cuando a veces, dice Azcona, están en áreas sensibles donde la limpieza es vital, por ejemplo, para evitar la transmisión de enfermedades.

Así fue como comenzó, según su relato, una especie de relación con la adolescente internada en el Ramos Mejía, por iniciativa de la chica, cuando ella notó su presencia.

—Tenía 14, 15 años —cuenta Azcona—. Estaba sin pelo, porque le hacían quimioterapia. Un día me dio conversación, me dijo que yo era limpio y ordenado. Se dio cuenta de que yo tenía una tonada, quería saber de dónde era. A partir de ese momento hablamos algunas veces, eran conversaciones cortas. Pero se sintió la amistad, fue un pequeño vínculo.

La adolescente murió meses después en el hospital.

—Me dio mucha angustia —dice Azcona—. Fui entonces al baño y di un puñetazo contra la pared. Entonces me sentí aliviado.

La anécdota parece ajustarse a una observación recurrente en los psiquiatras que lo examinaron durante el juicio oral: la figura de la mujer, en sus representaciones, aparece rota, quebrada, en riesgo permanente.

A primera vista Azcona impresiona como alguien parco, retraído, alerta ante lo que los otros van a decir. Desde que está preso tuvo entrevistas con unos treinta psicólogos y psiquiatras, según sus cuentas, por lo que se comprende que se ponga en guardia cuando lo interrogan, aunque paradójicamente se lo nota distendido y de buen humor. No es de ninguna manera un sujeto resignado al estudio y la curiosidad de los demás, sino que él mismo comienza por examinar y poner en cuestión a sus interlocutores; yo mismo lo comprobé cuando, a su pedido, le llevé en una visita un ejemplar de uno de mis libros periodísticos y, en la siguiente, me hizo una crítica con bastante aspereza porque no había hablado con los narcotraficantes a los que me refería en un capítulo. Y los que lo definen como huraño, afirma, no lo conocen. De tan obediente en el trabajo, parecía sumiso. Las apariencias, ya se sabe, engañan.

—No soy de hablar —admite—, pero cuando me dan la palabra hablo hasta por los codos.

Se fue del Ramos Mejía después de una discusión con su jefa. La situación se repitió en el Hospital Rivadavia. En ambos casos se trataba de reaccionar ante lo que sentía como abusos o demostraciones de poder de sus jefes.

—Tengo problemas con las personas que no cumplen sus funciones o que quieren tomar poder —dice—. Si sos compañera y después te querés hacer la jefa... —sonríe—, dejame de joder.

En el hospital cumplía un trabajo adicional: se encargaba de recolectar los pedidos de sus compañeros para el almuerzo, y de las compras en una panadería y un supermercado.

—Era una forma de control —dice—. Hacer eso en el hospital era socializar, integrarme al grupo. Mi descanso era de 10.30 a 11, y como iba de compras podía estar hasta dos horas afuera del hospital, y no me podían agregar más tareas.

Hasta pensó en proponerse como delegado, pero lo despidieron antes de que hubiera elecciones.

En la sala de visitas del módulo 1 de Ezeiza, Azcona desgrana otro recuerdo de su paso por el Ramos Mejía: estuvo allí el 22 de febrero de 2012, cuando el hospital recibió a las víctimas de la tragedia de Once, el accidente de un tren de la línea Sarmiento que dejó 51 muertos y 702 heridos.

–Se declaró el alerta rojo y cerraron el hospital –recuerda.

Fue su primer contacto con los medios.

–Aparecí en la tele –dice, con una media sonrisa–. Barriendo los guantes que usaban los enfermeros, con un gorrito.

Piensa que todavía deben estar en algún lugar de internet aquellas imágenes, cuando nadie lo conocía.

Desde su detención, Azcona se enfrenta a una pregunta: ¿por qué mató a una mujer a la que no conocía? En ese momento no tenía una respuesta. La mayoría de los psicólogos y psiquiatras que le hicieron entrevistas y tratamientos en prisión, dice, no le sirvió para nada.

–Con algunos psicólogos soy bastante duro –afirma–. Les contesto y los pongo a prueba. Cuando me hacen las mismas preguntas, me doy cuenta de que no están trabajando.

Exceptúa al psiquiatra Gabriel Cartaña, quien lo atendió durante dos años, "porque me explicó el sentimiento de la angustia, me hizo trabajar el arrepentimiento". Azcona empezó a elaborar una interpretación que propone rápidamente cada vez que se lo interroga. Actuó por una acumulación de ira, dice, una especie de sedimentación de frustraciones en distintos aspectos de su vida que terminaron en una explosión "ciega y caótica", el asesinato de Nicole Sessarego Bórquez.

–Yo tenía esa ira, y no sabía –dice–. En algún momento tenía que estallar, y afuera parecía como si nada hubiera pasado.

Para alguien más bien parco, el valor de la escritura como forma de expresión se potencia. En la cárcel, entre otras cosas que preparó para recibirme en la primera visita, Azcona me da a leer un manuscrito suyo:

> *Vagaba sin rumbo, sin sentido, por las grandes calles de Buenos Aires. Con el alma despedazada, alejado de todo sentimiento humano sin poder recordar el pasado, ni soñar con un futuro. Solo vivía el momento, cada paso que dé destroza cada vez más rápido mi existencia en esta sociedad, hasta que llegué al punto de estar completamente privado de mi libertad.*
>
> *Empezar a sentir cómo del fondo de mi ser atraviesa esa oscuridad que tengo dentro y cada sentimiento que sale le puedo comparar como si fuera un tren de carga que directamente impacta a mi alma, inyectándole angustia, miedo, soledad, desesperación y arrepentimiento. En esos momentos que pasé por mucho dolor no valoraba ni mi propia vida.*

Una versión y una interpretación de su historia.

En la mañana del 4 de junio de 2014, un mes y medio antes del ataque contra Nicole Sessarego Bórquez, M. D. Q[1]. salió de su casa en San Francisco Solano rumbo al trabajo. En la esquina se cruzó con una mujer y con un joven, que cambió de repente su dirección y la empezó a seguir.

M. D. Q. apuró el paso hacia la avenida donde tomaba el colectivo. Eran poco más de las 7 y todavía estaba oscuro, pero al volverse pudo ver que el joven, de pantalón claro y campera negra de invierno, también se apuraba.

La mujer empezó a correr, pero el otro la alcanzó enseguida y la derribó de un puñetazo. El desconocido se llevó la cartera de M.

---

[1] Las iniciales de ésta y las otras denunciantes que se citan a continuación han sido modificadas.

D. Q. sin decir una palabra, y ella buscó refugio en la casa de su madre, a cuatro cuadras.

Dos horas después, una vecina encontró tirados los documentos y las tarjetas y M. D. Q. desistió de hacer la denuncia. En la cartera también había papeles personales –un currículum con sus datos de contacto– y recibos de sueldo.

Ese mismo día empezó a recibir llamados que se cortaban apenas atendía. En la pantalla del teléfono no aparecía un número sino la leyenda "número desconocido". Los misteriosos llamados se repitieron hasta el 20 de junio, cuando hubo un breve diálogo.

–¿M.? –preguntó una voz masculina.

–Sí.

–Qué linda sos.

–¿Quién habla?

–Soy el chico que te robó la cartera.

Ella cortó la comunicación, muy asustada. Cambió la línea de teléfono y por un tiempo no volvió a tener noticias de aquel desconocido.

Cerca del lugar donde le robaron la cartera a M. D. Q., en la calle Monteverde y avenida 24 (o Donato Álvarez) de San Francisco Solano, otra mujer, N. H., se encontró en la noche del 1º de agosto con un hombre joven que estaba vestido de negro y tenía un piercing en la nariz. Ella llevaba a su bebé de seis meses en brazos y bajó de un colectivo de la línea 257 cuando sintió una especie de manotazo por atrás.

Por entonces, el asesinato de Nicole Sessarego Bórquez ya no salía en las noticias. Sin ninguna pista firme, la policía indagaba en el entorno de la víctima, sus amigas, sus últimos movimientos.

N. H. pensó que el desconocido le iba a robar, pero él le dijo que se callara y fuera hacia un costado, lejos de la luz y de la poca gente que recorría la calle. Obedeció, porque le puso un bisturí o algo con filo cerca de la cara. Pero cuando le ordenó que le entregara al bebé, ella se negó y aferró a la criatura con todas sus fuerzas, dispuesta a resistir.

El otro no insistió. Le revisó los bolsillos de una forma rara, como si no estuviera interesado en lo que pudiera encontrar. Fue un manoseo, más bien. Y antes de irse corriendo, le hizo un corte en el cuello.

–Lo crucé dos veces más –declaró N. H.–. Lo vi a las dos o tres semanas y después al mes siguiente. La segunda vez se me rio en la cara.

Ninguno de esos hechos tuvo mayor difusión, aunque comenzarían a comentarse en la zona de la terminal de micros de San Francisco Solano. No era un secreto. Corría el rumor sobre un chico solitario que se vestía de negro y tenía actitudes extrañas con mujeres jóvenes.

D. T., otra vecina de San Francisco Solano, había notado que un chico la seguía cuando se cruzaban por la calle, sin decirle nada. No pudo precisar la fecha: "Creo que era junio, julio o agosto (de 2014), hacía demasiado frío, no me acuerdo", dijo.

La primera vez se sobresaltó, pero después tomó precauciones –trataba de estar acompañada– para mantener a distancia al extraño.

–Alguien venía atrás: yo iba por la vereda, él iba por la vereda –declaró–. Me asusté porque tenía el celular encima, y recién lo había comprado. Entonces me corro para la calle, y él se cruza atrás mío, también en la calle.

La chica alcanzó a llegar a su casa y cerró la puerta con llave.

–Después veo que pasa el chico delante mío y, bueno, era el que vivía a la vuelta. "Ah no, me asusté, fui una tonta porque es un chico del barrio", pensé.

Lo conocía por su nombre: Lucas Azcona. Un vecino que no tenía amigos, al que no había visto hablando con nadie. Los domingos, los padres de D. T. y los abuelos de Lucas frecuentaban el mismo templo evangélico. Ella se animó y al rato volvió a salir, fue hasta un quiosco. Y a la vuelta se repitió la situación, él comenzó a seguirla, esta vez más rápido, por lo que D. T. tuvo que apurarse.

–Se quedó mirando, vos te das cuenta cómo mira una persona, cuando te mira bien y cuando te mira mal –dijo–. Él parecía enojado, tenía una mirada de enojado.

La situación se repitió días más tarde. Una amiga le dijo a D. T. que a lo mejor lo que pasaba era que él gustaba de ella y no se animaba a hablarle. La explicación parecía verosímil, el chico solitario del barrio parecía muy tímido. Su aspecto correspondía con las descripciones que hacían las víctimas de acoso, vestido de negro y con piercing en la nariz. Las mismas señas del sospechoso por una violación.

El caso ocurrió el 10 de agosto de 2014 en el mismo radio, la zona de avenida Monteverde y Donato Álvarez, cerca de la estación de micros de San Francisco Solano y de la casa de Azcona, en Donato Álvarez al 5900.

La víctima, R. B., bajó minutos antes de las 20 de aquel día de un colectivo de la línea 278. Cuando iba a tomar otro, alguien que caminaba por atrás se puso de pronto a la par y le pidió el celular y la tarjeta Sube.

–No intentes nada o va a ser peor –le ordenó el hombre, que llevaba campera, pantalón, remera, borceguíes y gorrita, todo de color negro.

Tomándola de un brazo y del cuello, como si la abrazara, la hizo cruzar la estación y la llevó a un zanjón, donde la violó.

Tres días después, otra joven del barrio, E. N. D., zafó de un ataque. El mismo hombre descripto en los casos anteriores –la ropa negra, el piercing– se acercó cuando ella salía del gimnasio al que concurría y caminaba hacia la parada del colectivo. Pero se quedó tranquila porque lo reconoció: no sabía cómo se llamaba, pero lo había visto yendo a comprar en el quiosco donde trabajaba, en Donato Álvarez y Pensamiento. A dos cuadras de la casa de Lucas Azcona.

E. N. D. subió a un colectivo sin darse cuenta de que el tipo del piercing hacía lo mismo. Recién lo notó en San Martín y Picaflor, cuando bajó y vio que él la seguía. Estaba a poco más de una cuadra de su casa y empezó a correr, pero él la alcanzó enseguida y la tiró al suelo de un puñetazo.

Empezaron a forcejear en el piso. El tipo no decía nada. Cara a cara, "era como que él no tenía expresión, solo vi el gesto por la fuerza que estaba haciendo", dijo E. N. D. Pensó que no quería robarle, porque podía haberle sacado la mochila, donde llevaba la billetera, y que la iba a matar. Pero se resistió dando patadas y a los gritos, por lo que el otro terminó por irse.

Enseguida llegaron los padres y los vecinos de la chica. Hicieron una búsqueda que no dio resultados. El atacante parecía haberse perdido en la oscuridad.

Sin embargo, E. N. D. volvió a encontrarlo unos días después, cuando fue a comprar algo al quiosco. No lo atendió ni hizo denuncia, pero lo comentó con sus amigas.

—Una vecina me dijo que él la perseguía cuando se iba a trabajar y a veces se tenía que volver a la casa porque tenía miedo —declaró—. Un chico me contó que él le había agarrado a la hermana y entonces le pegaron con unos amigos, y ahí la cortó.

Por más que haya una comisaría, en San Francisco Solano la presencia policial es relativa. Los vecinos parecen convencidos de que deben encargarse por sí mismos de resolver algunos problemas de la vida cotidiana.

Fue lo que terminó pasando en la noche del 18 de agosto de 2014. L. R. salió de su casa para comprar comida cuando fue abordada por un joven armado con un cuchillo. Caminaron dos cuadras, él la llevaba abrazada y con el arma apoyada en la panza. A la distancia y con la defectuosa iluminación del alumbrado público podían pasar por una pareja.

L. R. notó que iban derecho hacia un descampado. Y se veía gente en la puerta de una casa. Dio un grito para llamar la atención.

—Cuando pedí que me ayudaran porque me querían robar, el tipo me dio vuelta y me cortó en la cintura y en el codo. Me quedé en shock, no sabía qué hacer.

Mientras los vecinos corrían al agresor, L. R. fue llevada al hospital de San Francisco Solano.

Más tarde, cuando le cosían la herida, supo que su agresor también era atendido en el hospital. En medio de la persecución, los vecinos lo habían baleado en una pierna.

Según L. R., en el hospital le dijeron que la habían atacado con un bisturí. La herida era profunda y tuvo que hacerse curaciones durante una semana.

—A los dos días, yo hice la denuncia en la comisaría de Solano, no la hice en el momento —declaró—. El policía me dijo que había un pibe que hizo una contradenuncia, diciendo que le robaron y que por eso le metieron un tiro.

En la sala de audiencias de los Tribunales, en el microcentro porteño, L. R. explicó a los jueces los mecanismos de seguridad que adoptan los vecinos del barrio:

—Cuando roban a alguien, si justo lo ven lo cagan a palos. Pienso que habrá sido algo parecido, pero se fueron de mambo. Lo hicieron para defenderme, pienso.

Esa noche, Azcona avisó que al día siguiente faltaría al trabajo porque lo habían herido con un disparo de escopeta en la pierna derecha, en un intento de robo.

—Ese es un tema del que no hablo —me dice, cuando le pregunto al respecto.

Yanina Sánchez fue la única amiga de Lucas Azcona en San Francisco Solano. A través de Azcona conoció a Jorge Borgo, el abogado que lo defendió en el juicio y que ahora es su esposo.

En el estudio del abogado, en San Justo, Yanina Sánchez se ofrece a recordar esa amistad mientras le da la mamadera a su beba, de apenas una semana.

—Yo pedí salir como testigo de Lucas —dice—. Porque Lucas era muy bueno conmigo y aparte me salvó. Una vez que fui a un baile, en el boliche 844 de San Francisco Solano, tomé alcohol con una gente del barrio a la que le gustaba drogarse. Yo no sabía que le habían puesto pastillas a lo que tomaban. Empecé a ver raro, no podía caminar, "acá me hacen cualquier cosa", pensé.

Se quedó en una esquina, muy mareada. Primero se sentó, después se acostó. El mundo daba vueltas a su alrededor y no podía tenerse en pie. En eso escuchó la voz de Azcona, que tomaba el colectivo en la vereda de enfrente, "un chico que no era muy sociable, que iba de la casa al trabajo, del trabajo a la casa y casi no salía".

–Él estaba siempre de negro, campera de cuero negra, zapatos negros. Y me dice "¿Qué estás haciendo acá?, vamos que te llevo". Primero le dije que no. "Vamos, porque te van a hacer cualquier cosa", me dice. Yo no quería, porque él iba a llegar tarde y podía perder el trabajo. "No, vos sos mi amiga, yo no te puedo dejar acá tirada, vamos que te llevo", insistió. Entonces me senté con mucha paciencia en un escalón, y me ató los cordones. Me levantó y me llevó en andas diez cuadras hasta mi casa. Al otro día yo no sabía con qué cara mirarlo. "¿Cómo estás?", me dice, cuando viene a visitarme.

Empezaron a juntarse para charlar. Azcona se convirtió en una especie de protector y consejero de Yanina, que entonces tenía 19 años.

–Yo andaba con un muchacho que era un poco un tiro al aire, se drogaba y era medio vaguito –cuenta ella–. "Vos te merecés un pibe como la gente, no podés estar con éste, mirá como se droga", me decía. "Vos sos mi amiga, como mi hermana, yo te hablo para bien, no te enojés", me decía. "Pero te tengo que decir, por qué no lo dejás y te vas con otro, un muchacho que valga la pena", me decía. Entre nosotros siempre había respeto, porque yo le aclaré que lo veía como un amigo. Nunca se me tiró para otra cosa o se me insinuó para algo más que para una amistad.

No fue solo con ella, asegura Yanina Sánchez. Después de enterarse de que una vecina había sufrido un intento de robo en Buenos Aires, Azcona empezó a acompañarla en los viajes. También iba a buscar a Yanina cuando salía de un curso de computación, a la noche.

–Era un pibe que no tomaba, que no fumaba, que no se drogaba –dice Yanina, que todavía no se explica cómo pudo haber cometido un crimen–. Es más, no quería que yo fumara. Hablábamos por Facebook, "hola qué estás haciendo mi corazón, mi reina, mi chiquita", me chateaba. Yo le contestaba igual, "nada, corazón".

–Hasta que me conoció a mí –interviene Borgo, sin levantar la vista de la notebook donde escribe la autorización para que pueda hablar con Azcona en la cárcel.

Aprovecho el pie:

–A propósito, ¿ustedes cómo que se conocieron? –pregunto.

–Yo lo vi por televisión y dije "mirá qué lindo el abogado de Azcona, qué fuerte que está" –contesta Yanina Sánchez–. Me ofrecí con la hermana de Lucas para salir de testigo en el juicio, porque Lucas me había salvado, y después hablé con él –señala al abogado, que revisa de un vistazo la nota antes de imprimirla–. Nos empezamos a mandar mensajes y así surgió el amor.

Borgo niega ser un "abogado mediático", aunque él mismo visitó a Azcona en la cárcel y le propuso tomar la defensa. "En ese momento yo no estaba en mis cabales", dice Azcona, quien delegó la decisión en su padre.

En la cárcel, Azcona vuelve a contarme la historia de cómo ayudó a Yanina Sánchez cuando estaba descompuesta en la calle. Confiesa que ella le gustaba, pero no hubo reciprocidad y se conformó con ser su amigo. Ahora invoca ese testimonio para insistir en lo que ya planteó su abogado en el juicio: que no siente odio hacia las mujeres. También para mostrar otro perfil:

–Siempre fui alguien solidario, siempre regalé cosas para los que no tienen nada –afirma–. Una vez me enteré de un interno al que habían dejado solo. Me comuniqué con él en el campo –el lugar donde los presos tienen una hora diaria de recreo– y le pasé comida y zapatillas. La mayoría no hace cosas así. En la cárcel me conocen como alguien generoso.

En la mañana del 18 de agosto de 2014 Azcona viajó en el colectivo de la línea 84 junto con Vanesa Sandoval desde Constitución hasta el Sanatorio Méndez. Bajó una parada antes de llegar, porque quería caminar, y se demoró más de lo habitual en marcar el ingreso, una hora. Fue su último día en el trabajo.

Esa noche, de regreso en San Francisco Solano, terminó con un balazo en una pierna después de una corrida de la que no se quiere acordar. La noticia del nuevo percance renovó las sospechas de Vanesa Sandoval. Ella pensó que su compañero de trabajo había intentado un robo y le había salido mal.

Azcona obtuvo una licencia por enfermedad. El tiro en la pierna le provocó una fractura, por lo que comenzó un tratamiento y le hicieron una operación. Se desplazaba con muletas.

La Justicia no avanzaba en la investigación del asesinato de Nicole Sessarego Bórquez, pero el caso se mantenía presente en los recordatorios de organizaciones feministas. Estaba claro que no había sido un robo. La estudiante chilena había sido hallada boca abajo, en el palier del edificio de Don Bosco 4109, con una cartera tipo morral cruzada en el cuerpo y las llaves de su casa en la mano.

El cuerpo fue descubierto una hora después del crimen por un adolescente que bajó del primer piso para ir a la escuela. En ese momento se desató una lluvia bastante fuerte. El agua arreció durante un rato prolongado y continuó hasta media mañana, pero no alcanzó a lavar unos restos de sangre que quedaron estampados como una firma en el frente y en la vereda del edificio. Era un rastro de pequeñas manchas pardo rojizas resguardado del temporal bajo un balcón, que indicaba un desplazamiento hacia la calle 33 Orientales. Las pericias determinaron que no eran del grupo y factor de Nicole.

El principio de intercambio desarrollado por Edmond Locard, un postulado clásico de la criminología, sostiene que el asesino deja evidencias de su acción y de su identidad en la escena del crimen y a la vez se lleva consigo algo del lugar y de la víctima. Algunos son tan obvios que pierden el documento precisamente en el sitio donde cometieron sus delitos. Un acto fallido en el sentido más cabal de la expresión.

Los investigadores constatarían esa vieja regla de la criminología en el crimen de Almagro. Azcona dejó su sangre, y se llevó la de Sessarego Bórquez impregnada en el rostro.

La autopsia detalló once puñaladas en la cara, el cuello, el tórax y el brazo izquierdo y lesiones de defensa en las manos y los brazos. Nicole Sessarego Bórquez intentó cubrirse del ataque, en los escalones de acceso al edificio, y con su último resto de fuerza alcanzó a abrir la puerta e ingresó al palier, donde se desplomó.

La médica legista Alejandra Antuña, que examinó el cuerpo en el lugar, pensó que se trataba de "algo pasional, dado que tenía todas sus pertenencias en la cartera". Sin embargo, no había signos de asalto sexual. Le llamaron la atención tres características: había sido un ataque consumado con rapidez; el arma –un cuchillo, una navaja o un bisturí– "tenía un filo muy agudo dado que en una de las lesiones cortó de una sola vez cartera, campera y remera, y lesionó la piel"; la cantidad y profundidad de las lesiones indicaba "una carga emocional importante" en el agresor.

La hipótesis del motivo pasional no era del todo consistente por la distribución de las heridas, "porque en los ataques pasionales, sexuales, el agresor suele lesionar, inconscientemente, regiones de mamas, glúteos, regiones genitales", según Antuña, y no era el caso.

Una vecina del primer piso había escuchado un grito de mujer alrededor de las 6; una exclamación, breve, de sorpresa, y luego el silencio, el rumor de la lluvia en el asfalto.

No había más elementos para reconstruir el crimen.

La policía había buscado alguna pista a través de las cuatro estudiantes extranjeras –dos brasileñas, una venezolana y una colombiana– que compartían con Nicole Sessarego Bórquez el departamento 3 de la planta baja. Tres sospechosos habían sido sometidos a la prueba de ADN, con resultado negativo.

El 30 de octubre la investigación pareció tomar impulso con la detención de un ciudadano turco de 31 años que había tenido un breve romance con la víctima en el mes de mayo y vivía en San Telmo.

Los indicios que apuntalaban la sospecha eran escasos: Nicole había terminado la relación porque el novio era muy celoso, "peleaba solo", como le contó por WhatsApp a su madre; le había dicho a una amiga que el tipo merodeaba por su casa, en las cercanías. Un canal de televisión exhibió la foto del detenido, con una venda negra en los ojos, diciendo que era el autor del asesinato. Pero una semana después quedó en libertad, cuando el examen de ADN dio resultado negativo.

El juez Luis Zelaya ordenó entonces que se difundieran por televisión los registros de las cámaras de seguridad de Metrovías y de algunos negocios donde se observaba el paso de Nicole y de su presunto asesino hasta apenas un minuto antes del crimen.

La secuencia comenzaba a las 5.40 del 15 de julio. Era un día martes, y la filmación mostraba el paso de colectivos y de vehículos por avenida Rivadavia, y casi ningún transeúnte, salvo un joven de estatura mediana, vestido de negro, con gorro y una mochila en la espalda que salía de la estación Castro Barros, de la línea A del subte.

Azcona atraviesa la sala de visitas del pabellón H de la cárcel de Ezeiza hasta la mesa donde lo espero. Se desplaza con lentitud, mirando a un lado y al otro, como si quisiera reconocer el espacio que recorre. No me mira hasta último momento, parece que fuera a hablar con otra persona, hasta que estamos frente a frente y esboza una sonrisa, de perfil.

Me hace acordar a lo que me cuenta sobre su estilo de juego en el ajedrez, para el que no tiene rivales en la cárcel:

—A veces gano tan fácil que me pongo a mirar otra cosa cuando juego —dice.

Esa madrugada caminó por avenida Rivadavia hasta Quintino Bocayuva. Sin rumbo, sin sentido, como escribió él mismo. Parecía observar la zona. No había nadie a la vista. Volvió a la boca de la estación Castro Barros y entonces vio salir a Nicole Sessarego Bórquez, que había llegado en la formación siguiente del subte.

Ella volvía de una fiesta del club Severino, en el centro. Había tomado el subte en Plaza de Mayo, donde se separó de su amiga Sofía Soto Díaz. La cámara de Metrovías registró su salida a las 5.51. Azcona la siguió sin que ella se diera cuenta por Rivadavia, después por Quintino Bocayuva y finalmente al girar por Don Bosco, hacia su casa.

El registro de las cámaras —de Metrovías, de una sucursal del Banco Patagonia y en particular de la panadería La Sudamericana, de la que Nicole era clienta— llegaba hasta el momento en que ella doblaba por Don Bosco. Y recomenzaba un momento después, en el que Azcona aparecía de nuevo por Rivadavia. En la acometida, llevado por su mismo impulso, se hirió a sí mismo y en la filmación se tapaba la mano con algo. La remera que después vio Vanesa Sandoval empapada en sangre.

La cara resultaba más bien borrosa, lejana, las cámaras lo tomaban de espaldas y de perfil. Los policías hasta la habían visto parecida a la del turco, un hombre rubio y espigado que no tenía nada que ver con la contextura de Azcona, más bien bajo, robusto y de pelo oscuro.

El video que mostraba a Nicole Sessarego Bórquez a la salida del subte y el paso de Azcona unos segundos después, comenzó a difundirse en el mediodía del 7 de noviembre de 2014. Roberto Azcona, el padre de Lucas, lo vio mientras almorzaba en el trabajo. No le llamó especialmente la atención, no estaba al tanto del caso, pero a la noche, al llegar a su casa, se lo mencionó a su hija Milagros.

Fue un comentario al paso, como quien habla de la novedad del día, y se acostó a dormir. Lucas lo escuchó y se encerró en el baño.

Un rato después Milagros Azcona vio el video en las noticias de la televisión junto con una amiga. Tampoco le prestó mucha atención, hasta que su amiga le dijo que el tipo que aparecía en el video se vestía como Lucas.

—Ahí cuando miré, me pareció familiar —declaró Milagros Azcona—. Como que me dio una cosa cuando estaba cruzando la calle, y dije "¿será él?". Después de eso me fui a la computadora a buscar el video que habían pasado antes del programa, y lo vi, lo vi, lo vi, y lo vi, me parecía él, se parecía la forma de vestir, tenía la mochila similar.

Milagros despertó a su padre y le mostró el video en el celular.

—Parecía un sueño —recordó Roberto Azcona—. "Papi, el del video es Lucas, es Lucas", decía mi hija. Por la forma de caminar era mi hijo. Era inconfundible.

Roberto Azcona contaría muchas veces la historia a la prensa. También Milagros sería requerida para que reviviera aquel momento. El padre que entrega a su hijo a la policía o a la Justicia es ese tipo de caso extraordinario que atrae a los medios por su alto impacto, la conmoción y las opiniones encontradas que genera en las audiencias.

La familia Sessarego Bórquez, en cambio, rehuyó la exposición pública y recibió poca atención del periodismo argentino. A diferencia de lo que resulta habitual en sucesos criminales, no acudieron a los medios ni hicieron reclamos públicos a la Justicia. En un programa de televisión local, poco después de que la detención de Lucas Azcona pusiera fin a cuatro meses de incertidumbre, Shirley Bórquez se negó a un cruce telefónico con Roberto Azcona, aunque reconoció su gesto de entregar al hijo a la Justicia. El padre de Nicole no concedió ninguna entrevista a la prensa, ni siquiera en Chile.

Shirley Bórquez dio testimonio en el juicio del desconsuelo por la pérdida de Nicole, el trágico contraste entre sus expectativas de vida y su muerte, el afecto que unía a la familia y el crimen arrasaba.

–Nicole era una chica amada desde antes de concebirla, porque a mí me costó mucho quedar embarazada –declaró–. Fueron tres años de lucha y entonces cuando nos enteramos fue una felicidad muy grande que pudimos tener con mi marido y con el resto de la familia. Cuando salió de la enseñanza media pidió la prueba de solución allá, que no es fácil, y así entró a la Universidad. Sacó un excelente puntaje en la prueba que había rendido y comenzó a estudiar periodismo, carrera que le encantaba. Siempre me decía "mamita esto me llena el corazón, me encanta lo que estoy haciendo". De pronto un día me dice que va a postularse para una beca, para venir a estudiar a Buenos Aires. Pasó un tiempo, hasta que me cuenta que había ganado la beca. Fue un día en que yo estaba cocinando, ella sale de su habitación, me cuenta y saltábamos, reíamos de alegría. Para mi hija era lo mejor que le podía pasar porque su currículum iba a llevar puesto que ella estudió acá, en la Universidad de Buenos Aires, sabíamos que es una excelente Universidad y eso la iba a ayudar mucho en su vida, cuando trabajara.

Roberto Azcona contó que después de cerciorarse de lo que veía en el video mandó a su hija a comprar helado y fue a buscar a Lucas, que estaba en otra habitación de la casa.

–Le digo "Lucas, Lucas, el del video sos vos, sos vos, papi", y él agacha la cabeza, me abraza y llora. Fue muy duro, porque yo esperaba un "no, yo no soy el del video, vos estás equivocado", y esas palabras no las escuché.

La confesión de Azcona no sería ante su padre sino en el desenlace de la extensa conversación que mantuvo con su hermana esa misma noche. El quiebre se produjo al quedar en evidencia ante la mirada de su familia y en particular ante Milagros: "Podría haber sido yo", dijo la hermana.

–Él me dijo que hacía todo mal, que siempre se equivocaba, que nunca podía hacer algo para que nosotros estemos orgullosos de él, y ahí yo le había preguntado por qué decía eso, y hablamos un montón de cosas de nosotros, cosas que habíamos pasado –contó Milagros Azcona–. Yo le había preguntado si vio el video, qué sabía del video, entonces le digo, "Lucas, ¿cuándo fue el corte de la mano?, ¿Lucas, el del video sos vos?", y él no me contestaba, él lloraba. En un momento en que estábamos abrazados y yo le seguía preguntando, "¿Lucas, el del video sos vos?", hubo un silencio, y me dijo que sí.

Roberto Azcona decidió que lo presentaría en la comisaría de Quilmes. A la mañana siguiente dejó un momento a Lucas en su casa –los sábados a la mañana jugaba al fútbol, pero ese día tuvo que cambiar de planes– y cuando fue a buscarlo descubrió que se había hecho cortes en un brazo para escribirse la frase "papá te amo", impregnada por su sangre.

–Cuando llegamos a la comisaría –relató Milagros–, me pregunta "¿dónde estamos?", y yo no podía contestar. Me largo a llorar y él me agarra de la mano y me dice: "No te preocupes, es lo mejor que pudo hacer papá".

En la cárcel, Azcona recuerda el momento. Era el cierre de una etapa y el comienzo de otra, un pasaje de la oscuridad –esa oscuridad que sentía en su interior, como él dice, y que buscaba como momento propicio en el exterior, ya que sus ataques ocurrieron de noche– a una especie de revelación. Si había fallado y en especial en su rol de hermano mayor –como se lo dijo a Milagros: "siempre hago todo mal"– a partir de entonces iba a sostener a los demás para que pudieran seguir adelante.

–Yo estaba en el asiento de atrás del auto –dice Lucas Azcona–. Esperábamos a mi papá que había entrado a la comisaría. Mi hermana lloraba. "No tenés que preocuparte –le dije–, a partir de ahora sos la hermana mayor".

Había quedado al descubierto, las luces se habían encendido para disipar la oscuridad que lo rodeaba y tenía que enfrentarse con el rechazo de su familia: "No es mi hermano", decía Milagros; "No lo criamos para esto", decía Roberto Azcona.

Su punto de quiebre fue comprobar que era el responsable del dolor que sentían sus familiares.

–Era el peor momento para todos y yo les estaba dando fuerzas a todos, no me importaba lo que pasara conmigo –dice–. Pero yo estaba destrozado, pensaba que iba a morir.

–¿Por qué destrozado? –pregunto, para animarlo a continuar.

–Por mi abuelo –responde–. Me crié con mi abuelo. Y esa fue la primera vez que lo vi llorar. Me dolió más que cualquier otra cosa, me dio deseos de morir. Todas las semanas hablaba con él, los sábados y domingos hacíamos changas. Más que un padre, fue para mí un hermano mayor y es la persona que más quiero. Por ser él de Corrientes y yo de Chaco teníamos eso cómico de pelear, de rivalizar.

La decisión de Roberto Azcona de entregar a su hijo tuvo un fuerte impacto público. Sin ella, y sin la insistencia de Milagros Azcona en lograr la confesión de Lucas, el crimen de Nicole Sessarego Bórquez habría quedado impune. El 12 de noviembre, el análisis de ADN comprobó que la sangre hallada en el lugar del crimen se correspondía con el perfil genético de Lucas Azcona.

No obstante, había algo que seguía siendo desconcertante: la falta de un motivo para el crimen. Azcona y Sessarego Bórquez no se habían cruzado antes. Aun con la detención del responsable, la Justicia investigó la posibilidad de que él hubiera actuado como un sicario. Cuando quedó claro que no existía un instigador, que la víctima había sido elegida por azar –"entre los 17 millones de personas que viven en Buenos Aires", dijo su madre–, y a medida que surgieron otros aspectos de su historia, empezó a plantearse la hipótesis del odio de género, que cristalizó con el alegato del fiscal Ignacio Mahiques en el juicio.

Otro efecto de la difusión de los videos fue que las seis mujeres que habían sufrido acosos, agresiones y una violación en San Francisco Solano entre junio y agosto de 2014 lo reconocieron como su agresor. La reiteración permitía observar un patrón de conducta, una manera subrepticia de acercarse a la víctima, el merodeo, un ritual verificado en la reiteración de la forma de vestir –como si se pusiera un uniforme para salir de caza– y en el juego entre la estrategia de pasar desapercibido para atacar por sorpresa y la de ponerse a la vista para afirmar su control de la situación.

Ese patrón había quedado expuesto en los videos de las cámaras de seguridad de avenida Rivadavia: la exploración en un espacio urbano recortado como coto de caza; el acecho a la víctima elegida; el ataque sobre seguro.

La historia del reconocimiento a través del video comenzó a circular en los medios, y con ella el diálogo que sostuvieron los hermanos un poco antes de que Lucas Azcona quedara detenido en la comisaría de Quilmes. El psiquiatra Gabriel Cartaña comenzó a interesarse en ese momento por quien sería su paciente.

–Roberto Azcona tardó como diez minutos en salir de la comisaría, porque no le creían –dice–. En el auto, mientras lo esperaban, Milagros estaba muy angustiada y lloraba, por lo que se acababa de enterar y porque iban a entregar a su hermano. Lucas le pone una mano en el hombro y le dice "no llores, lo que papá está haciendo está muy bien; yo estoy muy enfermo y tengo que estar preso". Cuando me enteré de eso dije "yo quiero atender a ese tipo, tiene algo distinto".

Para Cartaña, esa declaración de Lucas Azcona al entregarse "era, y es, una puerta entornada para llegar a ver qué pasa en su mente".

Si en algo coinciden quienes lo investigaron es que se trata de un caso extraordinario, sin antecedentes en la historia criminal. El juez Hugo Decaria, integrante del Tribunal que lo juzgó, afirmó que en sus 32 años en la Justicia "no vi algo parecido".

"Estoy completamente arrepentido del hecho y me declaro completamente culpable", dijo Azcona en el juicio. El psiquiatra

Cartaña destaca que ese reconocimiento lo distingue de los presos corrientes.

–El 99,99% de los presos se cree inocente –dice, en su consultorio, cerca de la estación de trenes de Ramos Mejía–. Hay muy pocos que se reconocen culpables y los pocos que se asumen como tales siempre tienen una disculpa por lo que hicieron, una justificación. Además están presos porque los atraparon, no porque se presentaron. Lucas no se disculpa y se entregó. No tiene la puerta abierta, la tiene apenas entornada, pero para la generalidad de los presos esa posibilidad está cerrada con siete llaves.

Cartaña suele ilustrar sus reflexiones con algún ejemplo a mano.

–Pasaron 47 años y Robledo Puch sigue negando sus crímenes –dice, para el caso.

Otro especialista, Esteban Toro Martínez, el psiquiatra del Cuerpo Médico Forense que examinó a Alejandro Bajeneta, haría la misma comparación en el juicio oral, pero con un sentido completamente distinto:

–No es cruel, es desalmado –dijo–. Hay un solo ejemplo en la Argentina y es Robledo Puch, que no era fiel ni con sus compañeros, porque los eliminaba.

"No sé lo que hice. Nunca quise matar. Pido perdón a Dios si lastimé a alguien. No quiero vivir más, necesito ayuda", escribió Azcona poco después de ingresar a la cárcel de Ezeiza. Lo alojaron en el Hospital Penitenciario y después en el Prisma, donde lo examinaron psiquiatras y psicólogos. Entre otras pericias, le hicieron el test de Bender –copiar nueve figuras geométricas, un indicador de desviaciones de la personalidad– y el de Roschasch –identificar figuras posibles en diez láminas con manchas de tinta–, le pidieron que hiciera un dibujo libre y que representara a una persona bajo la lluvia, para evaluar su respuesta ante un entorno hostil.

Una situación como la que había pasado Nicole Sessarego Bórquez, cuando caminaba con las manos enfundadas en su campera, en la avenida desierta.

–Lo único que me dice es que lo perdone, que no sabe por qué lo hizo –dijo Roberto Azcona, con una mezcla de desconsuelo y angustia.

Buscaba una explicación en la historia familiar. El nacimiento de Lucas, el 4 de diciembre de 1991 en San Justo, había sido complicado. Estuvo en incubadora y había tenido que tomar una medicación que dejaron de darle a los 4 años.

El propio Azcona comprende su historia como un progresivo encadenamiento de situaciones –la "acumulación de ira"– que lo llevaría al crimen.

–Cuando tenía 2 años me mordía y me apretaba muy fuerte las manos –cuenta–. En el jardín de infantes me enojaba y me quedaba muy quieto, llorando. La ira siempre estuvo presente, nunca la pude canalizar.

Una de las fotos más difundidas capta una expresión de enojo, cuando aun usaba piercing. La palabra enojo parece en realidad insuficiente para medir la intensidad de esa mirada, la misma que describió una de las víctimas de acoso en San Francisco Solano.

Sus padres se separaron cuando él tenía 9 años. El padre, Roberto, se quedó en San Francisco Solano y Miriam Galarza, la madre, se mudó a Resistencia, Chaco, con Lucas y Milagros.

–A los 9 años maté a una víbora –dice Lucas Azcona–. Maté catorce víboras, un pitbull adulto, tortugas, muchos gatos. Era fácil, lo hacía con un poco de fuerza. A las tortugas alcanzaba con pegarles fuerte contra la pared. A los perros y los gatos los ahogaba o les rompía el cuello.

A veces parece saber lo que los otros quieren escuchar. Sonríe cuando tomo nota.

–Ah, eso le interesa –dice, con ironía.

Los relatos de Lucas Azcona como una especie de cazador infantil parecían un adelanto de la "agresividad predatoria" que describió el psiquiatra Esteban Toro Martínez como su forma de actuar. Su madre lo disculpó en el juicio oral.

–Todos los chicos hacen eso en Chaco. Lucas lo hacía más para llamar la atención, porque él era el porteño que llegó de Buenos Aires y él quería llamar la atención de todos –dijo Miriam Galarza–. Por ahí sacaba una anguila de la zanja y hacía eso, pero allá en Chaco es común.

Azcona niega haber tenido un resentimiento especial hacia su madre por la separación, como se planteó en el juicio. Sufrió el divorcio de los padres, dice, más que su hermana, a quien le lleva dos años. Tenía convulsiones y problemas de conducta en la escuela.

–Un día se me escapó –contó Miriam Galarza–. Lo busqué por todos lados y como no lo encontré hice una denuncia. Apareció a la noche, estuvo todo el día arriba del árbol de la misma casa, era un árbol tan grande que no lo veía. Me dijo que no le gustaba el Chaco y que se quería ir a vivir con su papá.

Azcona volvió entonces a reunirse con la familia paterna a los 10 años. El contacto con su madre se volvió esporádico: apenas la visitó dos veces, hasta que volvió a los 17 años con el plan de quedarse a vivir en Resistencia. Estuvo un par de meses con su madre y después formó pareja con una mujer de 24 años, Liliana.

Convivieron durante nueve meses. Azcona no se llevaba bien con el padre de su novia, y tampoco con ella misma. Hubo una situación confusa en torno a un embarazo de Liliana. Según Miriam Galarza, ella volvió a intervenir entonces para separar a su hijo de su mujer y enviarlo de regreso con el padre.

–Ella le había dicho a mi hijo que estaba embarazada y como era su primera mujer, pasaron seis meses y a ella no le creció nunca la panza, entonces yo voy y hablo con ella y ahí me doy cuenta de que ella no estaba embarazada. Y a mí no me gustaba como Lucas vivía en ese lugar, entonces yo lo llamo a Roberto y le digo, "mirá Roberto, tu hijo está viviendo en un rancho, así y así, nosotros no lo criamos para que él viviera así". Entonces me dice Roberto "sacale boleto y mandalo y que se venga a trabajar acá".

En cambio, Azcona cuenta que la ruptura fue una decisión propia.

–Tuvimos problemas de convivencia, yo no tenía trabajo –dice–. Ella solía fumar, eso empeoró la situación. Una vez me levanté a las 8, fui al monte con hacha y machete y caminé hasta que encontré dos palmeras. Las corté, después las limpié y las llevé a mi casa. Fui al fondo, hice una mesita. En ese momento ella me dice que ordene unas cosas. Me estuvo diciendo dos o tres cosas hasta que la mandé a la mierda. Saqué un pasaje y me vine a Buenos Aires. El mismo día que llegué, cuando bajé del colectivo, me sonó el teléfono. Era ella: "Volvé mi amor –me dijo–, estoy embarazada".

La última discusión con Liliana había pasado de las palabras a la agresión física, pero de parte de la mujer, dice Azcona.

–Ella agarra un palo y me lo pega por la espalda –recuerda–. Me doy vuelta y le digo: "Pegá, no me duele". Siguió pegando hasta que se rompió el palo. Después se metió adentro de la casa. Yo saqué la instalación eléctrica y me fui.

Su reacción se repitió en circunstancias diferentes, en la cárcel, después de que un grupo de presos lo golpeara el 19 de noviembre de 2014 dentro del celular en que lo llevaban desde el Cuerpo Médico Forense a la cárcel de Ezeiza.

–Lucas tiene una capacidad superlativa para bloquear sus emociones –dice Gabriel Cartaña–. Se pasó casi un año entero sin salir de una habitación del Prisma. Cada vez que pasaban frente a la puerta, los capangas del sector, los otros presos, lo amenazaban, le decían que se la iban a cobrar, que lo que había pasado en el celular iba a volver a pasar. Un día, cuando lo trasladan a otro sector, llego para atenderlo y lo encuentro golpeado. "¿Qué te pasó?", le pregunto. "Me di cuenta de que voy a pasar mucho tiempo acá y no puedo seguir encerrado en mi habitación. Me di cuenta de que tenía que enfrentar la situación", me contesta. ¿Qué hizo? Salió, buscó al capo del pabellón y lo desafió a pelear. El otro le tiró una patada en el pecho, él se cayó y se volvió a parar; el tipo le pegó otra trompada, fue de nuevo al suelo y otra vez se levantó. No le devolvió los golpes. Así estuvieron cuarenta minutos.

Azcona recuerda la situación:

–Cada vez que iba al suelo el otro me repetía "no te levantés, porque te voy a seguir pegando". Yo me levantaba, sin pensar, y seguía recibiendo golpes. A los pocos días estaba enseñándole a jugar al ajedrez al que me había pegado.

Fue una especie de código de admisión en la cárcel.

–De esa manera Azcona demostró algo que es muy considerado en la prisión, que es valentía –interpreta Cartaña–. Desde ese momento los presos lo respetaron mucho. Otra cosa que se valora en la cárcel es la inteligencia. ¿Cómo demostrarlo, en ese ambiente? Por ejemplo, siendo buen jugador de ajedrez, como él lo es. Esas dos cosas hicieron que se ganara el respeto ahí adentro. Y estuvieron planificadas, no fueron espontáneas.

Azcona dice que lleva un ranking donde reúne a los personajes notables a los que les ganó jugando al ajedrez: Mario Segovia, "el rey de la efedrina", con quien se siente reconocido, "porque fue la primera persona que se preocupó por mí en la cárcel"; Carlos Salvatore, el abogado encarcelado por la Operación Carbón Blanco, un contrabando de cocaína a España y Portugal; el abogado Claudio López Rossi, el asesino de Elke Yvars. A veces se pasa ocho horas en partidas maratónicas con presos colombianos, como los maestros de ajedrez que juegan simultáneas con diferentes adversarios.

El hijo de la relación que tuvo con Liliana nació el 4 de diciembre –el mismo día de Azcona– de 2010. Pese a que lo reconoce como propio lo vio solo dos veces –la última vez cuando tenía 2 años y le regaló un camión–, aunque se mantienen en contacto telefónico. "Es el calco de él", dijo Miriam Galarza. Pero el chico no lleva su apellido, sino el de un amigo.

–Cuando estuve en el hospital le mandé siete cartas –cuenta Azcona–. Le decía que yo era un cazador de ballenas, le dibujaba barcos y personajes y le decía que viajaba por toda Europa y por todos los mares y por eso no estaba con él, para alimentar su imaginación, para que no sufra. El día que caigo preso él miraba la tele y le dice a Liliana "mamá, es tu amigo, el que me regaló un camión". Después le contaron que yo era el padre.

El psiquiatra Cartaña relativiza el peso de los antecedentes de infancia y sobre todo la incidencia del ambiente físico en la conducta criminal de Azcona como adulto.

–Hay características que tienen absolutamente todos los que han hecho cosas como Lucas –asegura–: enuresis en la infancia, haber recibido maltrato físico o psicológico y haber sido muy crueles con animales o mascotas. Las tres cosas le pasaron a Lucas. No significa que toda persona que las presente va a hacer lo mismo.

Cartaña considera a Azcona "un sujeto atípico en la cultura argentina", más propio de sociedades como las de EE.UU. y Rusia, donde las patologías de la delincuencia han provocado fenómenos tan específicos como el de los asesinos seriales –los que producen un raid criminal extendido en el tiempo– y el de los masivos –los tiradores que irrumpen en lugares públicos y provocan masacres.

–¿Por qué sujetos como Lucas hacen cosas como las que hacen? –se pregunta y da un largo suspiro–. No se sabe bien cuál es la causa.

Azcona se hizo dos tatuajes mientras estaba en libertad. El primero fue en el hombro derecho, una caricatura de San La Muerte con una hoz y una leyenda: *Insane brain*, mente enferma.

Se arremanga la camisa y endurece el hombro para que lo pueda apreciar. Cuenta que se lo hizo sin saber nada del santo, un talismán contra maleficios y desgracias en el culto de que es objeto, pero le resta importancia, dice que es una representación infantil, porque el tatuaje lo muestra sonriente, aunque el detalle, más que aligerar el aspecto macabro, lo refuerza. La frase en inglés fue una ocurrencia de una prima, asegura (él quería que dijera "algo loco", y le pareció adecuada), y después algo así como una paradoja, cuando lo internaron en el pabellón psiquiátrico de la cárcel.

El otro tatuaje lo lleva en el antebrazo izquierdo. Es una mujer con cuernos, cola y una especie de cicatriz o aureola que rodea un ojo. Una diablita zombie, según sus palabras. La imagen salió de un dibujo propio y se convirtió en una especie de prueba en su contra.

—Los jueces estudiaron mucho, son muy cultos —dice—. Pero no saben nada de tatuajes.

Azcona se queja de la interpretación que le dieron a la diablita zombie. Según el juez Decaria, mató a Nicole Sessarego Bórquez infligiéndole una herida en la cara similar a la del tatuaje, como si el dibujo hubiera contenido la premonición del crimen, o como si fuera su bosquejo; el fiscal Mahiques observó que la figura de la mujer estaba demonizada —y muerta-viva, también— y la consideró un indicio de odio de género.

Los cortes en el pómulo, el pecho izquierdo y la panza de Nicole revelaban también "el ánimo de desprecio hacia el género femenino", dijo el fiscal, y en particular "cortarle la cara significa afectar lo que a los ojos del otro diferencia a una persona de la otra, lo que es visible, lo que permite distinguir a una persona de otra".

—Quise dibujar algo hermoso —dice Azcona, sobre la diablita zombie—. Empecé a dibujar a los 5 años, aunque nadie se dio cuenta. A los 9 hice un minotauro.

La criatura mitológica mitad humana y mitad bestia, el monstruo encerrado en un laberinto.

El 21 de noviembre de 2016 el Tribunal Oral en lo Criminal número 15 condenó por mayoría a Lucas Azcona a prisión perpetua por el delito de homicidio agravado por alevosía y femicidio, y ordenó que se envíen copias al departamento judicial de Quilmes para investigar los casos de abuso denunciados en San Francisco Solano.

−Para mí es un caso de homicidio simple −dice el abogado Jorge Borgo−. Él tuvo un brote en ese momento, no se medicaba, no se trataba como tenía que tratarse. Esa enfermedad fue avanzando y se desencadenó en el homicidio. La conducta del individuo tiene una apariencia de normalidad en esos casos, pero por dentro se va deteriorando. Se aplicó el máximo rigorismo con un fundamento jurídico que no se ajusta a Derecho. De arrastre, la Cámara de Casación absorbió lo que decidió el Tribunal prácticamente con los mismos argumentos. No hubo femicidio ni odio de género. Hay, sí, presión mediática, ése es el problema. Si no existiera esa presión esto se hubiera resuelto hasta con una figura de un juicio exprés.

Borgo comenta que Azcona es "muy buen dibujante" y le hace acordar a Hannibal Lecter, el criminal de ficción.

−No sé si te acordás de la película *Hannibal* −dice−. El actor (Anthony Hopkins) personifica a un psicópata que es caníbal. Los dibujos que hacía eran perfectos, escuchaba música clásica y era muy correcto. ¿Quién iba a pensar que esa persona tan culta, de ojos celestes, te podía cortar el cuello y comerte?

La jueza Patricia Llerena, presidenta del Tribunal, señaló que la conducta de Azcona se adecuaba en apariencia a las pautas de convivencia social. Era buen hijo, buen hermano, demostró preocupación por la seguridad de sus vecinas y en el trabajo, a pesar de ser considerado como raro, gozaba de buen concepto. No se había establecido que al atacar a Sessarego repitiera patrones de conducta incorporados en la infancia.

−Azcona seleccionó a una mujer para darle muerte −dijo Llerena en su voto− y la motivación que tuvo fue justamente que era mujer, lo que se compadece con lo que ha surgido de los estudios psiquiátricos y psicológicos a los que fue sometido y de los que dieron cuenta los peritos intervinientes.

Y "a modo de mero indicio" recordó el tatuaje de la diablita zombie.

El juez Adrián Martín acompañó el voto de Llerena. El tercer integrante del Tribunal, Hugo Decaria, en cambio, introdujo el odio de género como agravante en el crimen de Sessarego y exploró la historia familiar de Azcona en busca de sus antecedentes.

Decaria destacó que Azcona sufría convulsiones y suspendió su tratamiento al mudarse a Chaco, y que en ese período de su vida, el que siguió a la separación de sus padres, sufrió maltrato físico y verbal:

—Durante su infancia en Chaco, Azcona fue descuidado por su madre —dijo el juez—, quien dejó de medicarlo por su afección, maltratado y expulsado del hogar para ser realojado en el hogar bonaerense de su padre, para que luego, en su primera juventud, le fuera negada la paternidad de su hijo. Encuentro en tales datos la piedra basal de la (relación) conflictiva de Azcona con el mundo femenino.

El psiquiatra Cartaña rechaza la acusación de femicidio contra Azcona:

—Entendemos por femicida a un hombre que mata a una mujer a partir de la condición de ser mujer —dice—. Para Lucas era totalmente indiferente el género. Pudo haber matado a cualquier otra persona. Lo que Nicole tenía —la sensación de desprotección— lo podía haber tenido por ejemplo un varón joven. También por su género ella estaba desprotegida, pero Lucas no la mata en calidad de mujer.

Cartaña destaca la relación de Azcona con su hermana, "a quien quiere mucho" y con cuyo testimonio se conmovió en el juicio, la relación de pareja que sostuvo, los vínculos con primas y con otras mujeres de la familia.

—No tiene un encono particular con las mujeres —insiste—. Es como si me dijeras que Robledo Puch tiene un problema con el género masculino porque mató a hombres. No, mató personas, independientemente del género.

Cuando le pregunto a Azcona quién fue su mejor amigo mientras estaba en libertad, cambia el tiempo de verbo y contesta en presente:

—No tengo —dice, y parece sorprendido de verdad—. Las únicas personas que me pueden conocer completamente son los psicólogos.

Después recuerda que un amigo de Chaco, Lucas Moreyra, viajó desde Resistencia para verlo, cuando se enteró de que estaba detenido.

Pero en cambio, dice, tuvo amigas. Muchas amigas.

—Doce, trece —dice—. Veinte, treinta. Cuando vendía ropa de mujer me iba bien. Me llevaba muy bien con las enfermeras.

Las mujeres eran los confidentes de sus fantasías.

—A los días que él vino —declaró Vanesa Sandoval—, él me dijo que tenía que ir a encontrase con una chica en Parque Centenario. Me dijo que la conoció por Facebook, entonces me muestra las fotos. Era muy bonita, jovencita, pelo largo, castaño, entonces yo le digo "Lucas, mirá si es una trampa, llegás y te roban o te hacen algo. Debe ser mentira, no vayas". Y él me dijo que iba a ver. Al otro día trabajando, le pregunté "¿fuiste al final?" y me dijo "no, me arrepentí y no fui".

En el hospital tenía pequeñas fugas. Había momentos en que nadie sabía dónde estaba, dijo Sandoval, y sus excusas eran nobles —hacía cosas por otros, se encargaba de hacer compras—, así como había sublimado el ocultamiento del crimen en un relato heroico, el de quien se enfrenta en inferioridad de condiciones a tres delincuentes armados y consigue frustrar sus propósitos.

Azcona dice que pocas personas lo conocen. Que no tiene nada que ver con el retrato mediático. Que no se considera un femicida, porque entiende que no mató por razones de género.

—No odio a las mujeres, no tengo motivos de odio —dice—. Para que sepas, yo he enamorado a siete mujeres a través del chat telefónico. Hablamos de todo, pegamos buena onda y se dan cuenta de la clase de persona que soy. Puedo ser romántico, tierno, delicado, buen consejero. Y muy apasionado.

—Sentía un gran deseo de matar a alguien. No sé por qué –dice, cuando le pregunto por el crimen de Nicole Sessarego Bórquez.

Recuerda correctamente que fue un día martes.

—Hice eso –agrega, en alusión al crimen– y después fui a mi trabajo. Estaba completamente relajado.

Y pasa a contarme sus experiencias como cazador de animales en el monte chaqueño.

—El error está en creer que las personas como Lucas actúan por placer –dice Gabriel Cartaña–. No lo hacen por placer, lo hacen para calmar el displacer que les causa no hacer eso que hacen. Esta gente hace lo que hace por hambre. Es un apetito de control, patológico obviamente.

El psiquiatra Néstor Stingo y el psicólogo Pablo Novara –por la querella– y la psicóloga Mónica Masculino de Herrán y el psiquiatra Esteban Toro Martínez –del Cuerpo Médico Forense– diagnosticaron que Azcona presentaba rasgos de personalidad antisociales, pero no una descompensación psicótica como alegó el psiquiatra de la defensa, Daniel Navarro, en un dictamen que causa todavía hoy profunda irritación al propio Azcona.

—Tengo problemas –admite–, pero solo necesito tratamiento psicológico, a una escala de diez años.

"Lo que se ve es una persona tranquila, que no está desorientada en tiempo y espacio, que no está confusa. Las facultades mentales no están alteradas, encuadran dentro de la normalidad, la prueba de realidad está conservada, el juicio, también lo está, no hay delirios, no hay alucinaciones y no hay patología psicótica", informaron los peritos.

Los rasgos antisociales consistirían en el despliegue de la impulsividad hacia otros –una carga que, "llamativamente", dijeron los psiquiatras, Azcona era capaz de controlar–, la inexistencia de culpa por las propias acciones y la tendencia a la manipulación. Los exámenes detectaron conflictos con la sexualidad y con la figura femenina, donde se evidenciaba "necesidad de dominio y control" y en particular "toda la figura femenina aparece en situación de riesgo, de amenaza, de quiebre, de muerte, de daño, esto es una constante, y la figura femenina asociada con estas acciones aparece siempre en desmedro de la figura masculina".

Herrán apuntó que "en todo el material psicológico" relevado la figura de la mujer "aparece amenazada, lastimada, humillada, rota; guarda el lugar de estar en riesgo permanentemente en este psiquismo".

El modo predatorio del ataque fue identificado por Esteban Toro Martínez en el acecho previo, la actitud de espera para que Nicole Sessarego Bórquez se colocara en un lugar más propicio para el asalto, fuera de la avenida, con menos luz y menos gente a la vista; la extrema violencia de la agresión. "La problemática de Lucas Azcona está dentro del terreno de la personalidad, no de las facultades mentales", dijo.

—Para que se pueda comprender con un ejemplo –planteó Stingo–, la gente que va a cazar no solamente siente placer por el hecho de la caza en sí sino por todos los preparativos, desde que se reúne con las personas que lo van a acompañar hasta que toma las armas. Cuando consigue el objetivo, hay placer.

Los psiquiatras también observaron la capacidad de simulación de Azcona. Apenas una hora después del crimen, había convencido a sus compañeros de trabajo de una historia para ocultarlo, sin perder la tranquilidad y sin despertar sospechas.

Si Azcona es o no es un femicida, si odia efectivamente a las mujeres, sigue en discusión. Lo singular de su caso no es tanto que el padre y la hermana lo hayan entregado a la policía –hay antecedentes de ese tipo de decisiones en la historia criminal–, sino el hecho de hacerse cargo y de hablar de sus actos. Aun con reticencias para responder sobre algunas partes, quiere explicarse a sí mismo y explicar a los demás su propia historia.

La terapia y algunas actividades que realiza en la cárcel —el dibujo, la cocina— son las formas en que ahora, dice, puede "canalizar la ira".

—Conseguir que algo salga a punto en la cocina y lograr la aprobación de las personas es un trabajo cansador —dice—. Lo tomo como un desafío. También el dibujo, al tomarme todo el tiempo necesario para generar el interés de otra persona en lo que hago. Lo hice desde muy chico, pero recién se dieron cuenta que dibujaba cuando caí en cana.

Lucas Azcona dice que nunca soñó con Nicole Sessarego Bórquez. Que en su momento vio el video que capturó su imagen segundos antes y después del crimen, pero fue hace mucho.

Al entrar en la cárcel, dice, y cuando comprendió la condena que lo esperaba, hizo un pozo profundo en su mente, en el cual sepultó "todas las cosas de afuera, para no pensar en nada". Lo tapó "con mucha tierra, con cemento".

Pero algunas noches se filtra algo de aquello en su conciencia. Está chateando con una mujer que remueve esos deseos enterrados.

Hay un sueño que viene desde su infancia:

—Es una pesadilla que no entiendo —dice Azcona—. Estoy sentado en una silla de madera, bajo una luz muy fuerte. Alrededor todo está oscuro. De chico me levantaba llorando por ese sueño, tenía miedo a la oscuridad. La oscuridad era estar solo en el monte, o ver un lago inmenso de noche.

En algún momento la oscuridad se le metió adentro.

"Lo único que hago es quererte", le dijo Héctor Campanerutto, un gasista de 53 años, a su ex novia, de 38, antes de atacarla con un martillo en su casa de la calle Paysandú al 1500, en la ciudad de Buenos Aires. Los hombres violentos parecen inspirados por los mejores sentimientos.

El amor puede dar paso a la violencia sin transición aparente, aunque hay motivos que se repiten a través de los casos. "Me duele que me ignores sabiendo lo mucho que siento por vos", se lamentó Campanerutto en un mensaje de texto escrito una hora antes de emprender su ataque a martillazos. Pero lo que sentía era que aquella mujer le pertenecía, era su posesión, y reaccionó cuando ella, al dejar sus reclamos sin responder, negó esa condición de ser su propiedad.

—El concepto de violencia contra las mujeres es recientísimo —señala la socióloga Dora Barrancos—. No existe antes de 1960, por poner una fecha. Siempre hubo un cierto registro de los malos tratos, pero conceptualmente forma parte de la plataforma de lanzamiento del feminismo internacional, donde se constituyó como agenda central.

El asesinato de mujeres no solo podía quedar sin castigo sino que estaba legitimado por el Estado argentino.

—Había dos manifestaciones autorizantes, la del honor (para los maridos, los hermanos) y la del dolor (los padres que mataban a las hijas). En 1921 esto se pone de lado y aparece una nueva concepción justificadora, la emoción violenta —agrega Barrancos.

La emoción violenta fue la excusa histórica del femicidio. Los hombres actuaban perturbados por la revelación de algo insoportable –la infidelidad, en las argumentaciones típicas– y no podían responder por sus actos. Perdían la memoria para cometer los peores crímenes, pero superado ese intervalo parecían volver sin mayores inconvenientes a la normalidad de la que habían partido.

–No creo que sean casos normales y tampoco tan anormales –dice la psicoanalista Irene Meler–. Son la expresión hiperbólica de una tendencia propia de la masculinidad cultural. Son como el rostro que no queremos ver de nosotros mismos, como una caricatura. No digo que cualquier hombre sea un asesino en potencia, pero sí que hay un entrenamiento para la violencia que transcurre durante toda la vida. Los hombres son producto de una máquina social de producción de violencia. A través de la historia, el rol masculino tradicional es el de pelear, un rol ligado a dar la muerte (a los otros, se esperaba, no a los propios) y el rol femenino está más ligado a ser un objeto sexual y dar a luz.

Los hombres como guerreros y las mujeres como recompensas sexuales. Meler señala que ese "embrutecimiento selectivo" constituye "un dispositivo de regulación social transhistórico y transgeográfico muy poderoso", pero actualmente está en proceso de cambio. Sin embargo, "tenemos personas socializadas a través de generaciones y generaciones anteriores para confrontar con los demás, como lo describen los rituales de preparación para la masculinidad en los pueblos primitivos, donde raptan a un chico de 7 años que es un mamero y un llorón y lo meten en una cofradía de hombres donde le pegan, lo asustan y lo lastiman".

De las prácticas de los pueblos primitivos a los ritos modernos de iniciación en la masculinidad –las manteadas, los apaleamientos– hay una línea de continuidad, "una producción cultural que transforma niños normales, débiles, apegados, en máquinas de matar", dice Meler, cofundadora del Foro de Psicoanálisis y Género de Buenos Aires.

"Es mío", le dijo Claudio López a Elke Yvars. Quiso arrebatarle al hijo como un objeto de su propiedad, antes de asesinarla a puñaladas.

–Siempre me llamó la atención ese tipo de declaraciones en los femicidas –dice el psiquiatra Enrique Stola–. Los hombres han robado a las mujeres lo que es la creación y el sustento de vida. En todos los mitos sobre el origen de la vida las mujeres no aparecen, o aparecen como personajes malévolos, destructivos. Es una forma de descalificación fuertísima hacia la mujer.

Stola recuerda el caso de Juan Carlos Romero, un hombre de 41 años que el 20 de abril de 2015 provocó la muerte de uno de sus hijos y dejó herido a otro como venganza hacia su ex mujer, de quien se había separado dos meses antes.

Romero condujo su auto en contramano por la ruta 14, a 20 kilómetros de Concordia, en Entre Ríos, hasta estrellarse contra un camión. Según la policía local, el hombre quería suicidarse –falleció a causa de las lesiones, en junio de 2015– y matar en el mismo acto a sus hijos, mellizos de 7 años.

–Antes le avisó a la mujer: "no los vas a volver a ver", refiriéndose a los hijos –destaca Stola–. Aunque no fueran las palabras exactas, lo que decía era "los hijos son míos y yo ejerzo el poder, los mato y con esto te hago sufrir".

Irene Meler tiene presente un ejemplo de la clínica particular:

–Un niño de unos 6 años empieza su psicoanálisis y me dice: "Cuando yo era más chiquito e iba al jardín, la extrañaba mucho a mi mamá y lloraba. Pero me decían que era una nenita. Y yo digo, ¿qué hay con ser una nenita? Las tratan bien, les hacen favores, ¿por qué está mal ser una nenita?". A mí me pareció una reflexión brillante, pero no le dije nada. Al tiempo, sin que yo intervenga, porque estaba tratando de entender qué pasaba, viene al consultorio y empieza a construir un barquito con ladrillos. Entonces arenga a unos supuestos empleados que tenía: "Señores, apúrense, construyan ese barco de una vez que hay que entregarlo, ¿o es que acaso son nenitas?". Ya había entrado en la máquina de construcción de la masculinidad basada en el desprecio de lo femenino. El que antes lloraba extrañando a una mujer que lo podía proteger, que era su mamá, ahora se había convertido en un hombre superior que denigraba a otros hombres subordinados amenazándolos con la feminidad. Esa es la máquina cultural de construcción de masculinidad.

Después de recibir la denuncia de Elke Yvars, la Justicia civil ordenó la exclusión del hogar de López y pidió un informe sobre el caso al Cuerpo Interdisciplinario de Protección contra la Violencia Familiar, del Ministerio de Justicia de la Nación.

—El sistema de justicia es deficitario en la respuesta que da a la violencia de género, a las víctimas en particular —dice Mariela Labozzetta, titular de la Unidad Fiscal Especializada en Violencia de Género (Ufem), del Ministerio Público Fiscal—. Hay muchísimos tratamientos revictimizantes, prácticas expulsivas, por ejemplo la forma en que se toman las declaraciones testimoniales, los pocos recaudos para recibir a una víctima asegurándole contención, tomando medidas para prevenir los riesgos que están vigentes durante la tramitación del proceso. Otro déficit se plantea en términos de acceso a la Justicia: muchas veces las comisarías y en ocasiones los juzgados y las fiscalías no reciben las declaraciones de las mujeres, o minimizan los hechos, los toman como una cuestión privada, familiar. En las investigaciones faltan los enfoques de género y hay poca costumbre de indagar qué pasa con los antecedentes de violencia en la víctima. La justicia está en primer lugar colapsada, los casos van creciendo y los recursos son escasos. Entonces se hace una selección, la tasa de condena es bajísima. Las investigaciones se circunscriben a encontrar la prueba del homicidio y que el caso vaya a juicio.

El informe del Cuerpo Interdisciplinario sobre la relación de Elke Yvars y Claudio López y los riesgos que corría la mujer llegó a la Justicia el 15 de diciembre de 2015, el día en que fue asesinada.

Los femicidas no matan de un solo golpe. Y sus ataques suelen prolongarse más allá de la muerte de las víctimas. Las heridas *post mortem* son un dato característico.

—En muchos crímenes se utiliza más de un medio para cometer el asesinato, varias armas a la vez, ahorcar a la víctima y acuchillarla, matar de muchas puñaladas, matar por demás —dice Mariela Labozzetta—. En los crímenes contra las comunidades LGBTI este componente aparece todavía más exacerbado. No son delitos que salgan de la norma en términos generales. Si el ladrón roba y está excluido de la sociedad, la moral del patriarcado es que la mujer debe seguir determinados comportamientos y estereotipos y cuando sale de esos parámetros el hombre asesina a esa mujer para volver al orden establecido. El femicidio ocurre a la inversa de los otros delitos: ahí se expresa un odio particular por la mujer que salió del control del varón.

El odio de Marcelo Tomaselli hacia Carla Figueroa cristalizó en una frase: "Me hiciste ser la señora de los presos". Se refería a la denuncia por violación y al castigo reservado a los violadores en el código carcelario: la pérdida de su masculinidad.

—Cuando el hombre comete una violación está buscando realizar su deseo de ser sometido analmente por otros hombres —dice Irene Meler—. Es un deseo inaceptable en la conciencia, que el hombre apuñala en el cuerpo de la mujer. En las cárceles es donde se ve más crudamente esa fantasmática, donde la diferencia ya no es sexual sino de poder. La señora, en la cárcel, viene a ser el hombre sometido, emasculado, humillado, que es una condición aborrecida pero a la vez secretamente deseada, tal vez por la esperanza de recibir alguna protección o de tener un descanso de ese estar siempre listos para la guerra, que debe ser torturante. A veces tenemos la idea de que las personas discriminan claramente entre quién es uno y quién es el otro. En los estados límites de la mente esta discriminación no existe. Entonces el otro puede representar una parte de mí. Si yo soy un varón angustiado por mi virilidad y deposité mi parte femenina en una mujer, y apuñalo a esa mujer hasta que deje de vivir, puedo tener la fantasía de que eliminé mi parte femenina, dependiente y vergonzosa, y me transformé finalmente en un macho alfa.

La mujer agredida por Héctor Campanerutto pasó quince días en coma, perdió el sentido del olfato y quedó con secuelas físicas y psicológicas a causa del ataque. Ella tenía confianza en él, pensaba que la quería, nunca la había golpeado.

Gabriela Parra se sentía perturbada por el acoso de Alejandro Bajeneta, porque él le decía que iba a suicidarse por el amor que le tenía. Pero lo conocía desde la juventud y habían sido novios durante tres años. Fue al último encuentro creyendo que podía hablar con él y resolver la situación.

La agresión pareció inscribir en esos casos un hecho de un orden extraño, ajeno a la relación, como si dos series distintas de acontecimientos se cruzaran de pronto por error. Entre la declaración de amor y el asesinato, o su intento, había en principio una falta de lógica, una causalidad imposible que dificultaba la explicación.

Sin embargo la discontinuidad de los hechos comienza a desvanecerse cuando se repone el contexto y se observa los modos en que la violencia se trama y pasa desapercibida en la vida cotidiana. Durante seis meses, Héctor Companerutto persiguió a su ex novia presentándose de improviso en su casa, enviándole mensajes de texto, llamándola por teléfono. Hasta que el 18 de junio de 2016 fue a visitarla y la golpeó por la espalda.

Un crimen es un episodio que se prepara, no solamente en el sentido de la planificación del acto en sí sino en el de construir el escenario y darse las razones por las cuales un hombre se siente legitimado para quitarle la vida a una mujer. El "estallido", como a veces se lo describe, parece relativo después de que un hombre, como fue el caso de Fernando Farré con Claudia Schaefer, se aplica metódicamente, día tras día, a denigrar a una mujer, despreciando y negando el valor de cada aspecto y de la persona en su totalidad.

–En la mayor parte de las sociedades conocidas la masculinidad es un estatus elevado –dice Irene Meler–. Por ejemplo, cuando querés humillar a un niño le decís que es una nena; cuando querés enaltecer a una mujer policía le decís que ha llegado a ser un hombre. Es decir que ser un hombre es un estatuto honroso. Algunas mujeres podríamos ser hombres honorarios, por así decir. Los hombres que tienen una condición que se asemeja a la condición femenina son hombres deshonrados. Claramente lo que se ha llamado diferencia sexual es más que nada una jerarquía social. Los niños varones que llegan a lo que desde el psicoanálisis se llama período edípico buscan construirse como masculinos y para ellos tienen que disociar de su personalidad los aspectos ligados a la inmadurez, a la necesidad de apego, de protección. Esos aspectos de la personalidad masculina son como basura para esa mentalidad. Esa basura la tenés que tirar en algún lado, ¿dónde? Bueno, la depositás en la representación de las mujeres. Entonces las mujeres son las débiles, las lloronas, las que patean mal. La imagen de la niña pasa a ser el receptáculo de lo que la naciente personalidad del varón escinde de sí misma.

El crimen de Nicole Sessarego Bórquez no contuvo a Lucas Azcona en sus impulsos sino que, al contrario, los desató y lo llevó a merodear a otras jóvenes mujeres. Actuó de noche y eligió figuras vulnerables (una joven con un bebé en brazos) y desprevenidas (una mujer que salió de su casa para comprar comida, otra que bajó de un colectivo para hacer una combinación). Desplegaba actitudes antagónicas hacia las mujeres, difíciles de comprender en su simultaneidad: podía ayudar, aconsejar con sentido común y hasta salvar a alguien que estuviera en peligro y tamb1én era capaz de agredir y de matar; era alegre y tenía "ganas de joder", pero la diversión podía convertirse en un juego con la vida de otra persona.

El punto en común entre esas actitudes era su posición en la escena que armaba con la mujer: él tomaba el control de la situación. Azcona suele recordar la indiferencia que recibió de los demás, la falta de cuidado en la infancia, el hecho de que nadie reparó en sus habilidades (su aptitud para dibujar, por ejemplo) sino cuando ya estaba preso. El alivio que experimentó después del crimen pudo ser una descarga de esas tensiones.

Nadie pareció darse cuenta de sus cacerías nocturnas. La oscuridad, el silencio y la soledad que lo rodearon fueron las condiciones que propiciaron sus ataques. Sin embargo, con la excepción del crimen, Azcona actuó en una zona que conocía y donde sabían quién era, cerca de su casa, y no se mostró preocupado por esconderse o por cambiar de rutina después de los ataques. Al menos dos de las mujeres a las que acosó volvieron a verlo, varias veces. En San Francisco Solano corrían rumores, relatos fragmentarios y desconectados que se ensamblaron cuando la televisión difundió las imágenes del seguimiento a Nicole Sessarego Bórquez y su hermana y su padre lo entregaron a la policía.

Podía pasar por un chico tímido que no se animaba a hablar con las mujeres. Pero había algo desfasado en su retraimiento, la expresión de enojo que advirtió una de sus víctimas, una especie de clave muda: el indicador de odio a las mujeres, según sus acusadores, o la ira que crecía en su interior, de acuerdo a sus propias manifestaciones.

—La idea de que la sexualidad pertenece al hombre, que el honor del hombre reside en la capacidad de control de la sexualidad de sus mujeres, me refiero a la esposa pero también a las hijas, es una representación habitual —dice Irene Meler—. Por eso los insultos que aluden a los genitales de la hermana, porque si tu hermana es alguien promiscuo vos sos un pobre hombre incapaz de defender el honor familiar. La celotipia es un antecedente común en los episodios de violencia.

Otelo, el personaje de Shakespeare, es la figura emblemática del celoso. "Si yo pude estar con otras mujeres, ¿por qué Desdémona no pudo estar con otros hombres?", argumenta.

—El que lo dice lo es, sería —agrega Meler—. Son los celos que Freud llama proyectados. Y están los celos delirantes: la atribución de los aspectos femeninos, escindidos, del propio psiquismo en la mujer, para adjudicarle los deseos homosexuales del hombre. Eso es lo que se ataca en el cuerpo de la mujer. La mujer representa la figura que entrega la propia masculinidad a otro hombre, transformando al hombre engañado en un puto. La asociación de celos y violencia, el control celoso, la fantasía de "estuviste con otro", es casi parte de una masculinidad normal, lo cual quiere decir que la mayor parte de los hombres tiene terror de ser homosexual pasivo y controla a través de sus mujeres sus propios deseos. La masculinidad es una condición penosamente adquirida durante la vida y nunca es natural, sino que se construye a través de procesos rituales.

Carla Figueroa previó su propia muerte a manos de su esposo, como poco después ocurrió. Elke Yvars se reconoció como la víctima ideal en un test sobre violencia de género. "Vos me querés destruir", le dijo Claudia Schaefer a Farré.

Las tres acudieron a la Justicia y obtuvieron medidas de protección. Pero no fue suficiente.

—Si hay un deseo o una fantasía de matar entonces ya está instalada una posibilidad —dice Enrique Stola—. Pero el Poder Judicial y parte de los peritos toman esas declaraciones como la expresión de un momento de enojo. Lo cierto es que muchas de las mujeres asesinadas habían recibido previamente amenazas de muerte y el Poder Judicial lo sabía y no tomó ninguna medida. Un hombre que tiene una restricción y sin embargo se acerca a la mujer es un tipo peligroso, que debería ir preso. Decir que es un psicópata no explica nada, cuando hay un modo de comportamiento que no se puede tomar como un problema individual sino como una cuestión social.

La situación que padecieron no era un secreto. Sus familiares, amigos, compañeros de trabajo y vecinos estaban al tanto. La idea de que la violencia de género es difícil de prevenir porque permanece oculta en la intimidad doméstica no se ajustó a esos casos. No solo porque existían denuncias, pericias y medidas judiciales, sino porque la violencia de género es también un acto de disciplinamiento y en ese sentido necesita la exposición pública.

Más allá de las diferencias de cada historia, hubo un momento en que esas mujeres llegaron al mismo lugar, un lugar donde se quedaron solas con los hombres que las asesinaron. Como Nicole Sessarego Bórquez bajo la llovizna que comenzó a caer en el barrio de Almagro en la madrugada del 15 de julio de 2014.

FUENTES

Introducción

"La Oficina de la Mujer de la Corte Suprema presenta el Registro de Femicidios de la Justicia Argentina", en Centro de Información Judicial, 4 de junio de 2018.

Mi corazón es negro

Audiencia de Juicio de la Segunda Circunscripción Judicial. Fallo número 80. Ministerio Público Fiscal c/ Tomaselli Marcelo Javier s/ Homicidio agravado por el vínculo. General Pico, La Pampa, 27 de junio de 2012.

Carbajal Mariana, "Una polémica por el fallo del avenimiento", *Página 12*, 12 de diciembre de 2011.

"Declaró el abogado de Tomaselli y la jueza que los casó", *La Arena*, Santa Rosa, 4 de octubre de 2012.

De Santo, Magdalena y Femenías, María Luisa: "Ethos anacrónico, una herramienta para pensar la violencia", en *Fronesis*, Universidad de Zulia, volumen 2, Maracaibo, 2012.

"El testimonio que había realizado Carla Figueroa al programa E*n boca de todos*", Infopico.com, 12 de diciembre de 2011, https://www.youtube.com/watch?v=x6jBOHV7ONc.

Entrevistas con Alejandro Gilardenghi y Cintia Alcaraz, mayo de 2018.

Juicio oral y público a Marcelo Tomaselli. Audios del debate, General Pico, La Pampa, 18 y 19 de junio de 2012.

"Marcelo Tomaselli rompió el silencio", Infopico.com, 9 de abril de 2012, https://www.youtube.com/watch?v=e–3264pvxfg.

"Me tiraba los brazos y la seguía apuñalando confesó la madre de Tomaselli", C5N, 13 de diciembre de 2011, https://www.youtube.com/watch?v=TzOxJtqpRyU.

Poder Judicial de la provincia de La Pampa, Jury de enjuiciamiento del Juez del Tribunal de Impugnación Penal Carlos Antonio Flores. Sentencia, Santa Rosa, La Pampa, 10 de octubre de 2012.

Poder Judicial de la provincia de La Pampa, Cámara en lo Criminal número 2. Sentencia número 52/2001. Santa Rosa, La Pampa, 4 de julio de 2001.

Tribunal de Impugnación Penal de la provincia de La Pampa, Legajo 912/2, Tomaselli, Marcelo Javier –Imputado–, Figueroa, Carla –Querellante–, S/ Impugnan rechazo de avenimiento, Santa Rosa, La Pampa, 2 de diciembre de 2011.

El último día de clases

"Abogado condenado por matar a su ex mujer dijo que el Ni Una Menos no conoce el valor de una familia", *Diario Registrado*, 5 de junio de 2017.

Audiencias del 15 de mayo, 22 de mayo y 5 de junio de 2017 del debate oral y público en la causa número 4812 seguida contra Claudio Ángel López por el delito de homicidio agravado por tratarse de su ex cónyuge y por ser cometido por un hombre mediando violencia de género.

Entrevista con Carlos Gamallo, marzo de 2018.

Entrevista con Zoe Verón, 27 de junio de 2018.

Informe socio ambiental para el estudio de la personalidad de Claudio Ángel López.

"El femicida de Belgrano dijo que está shockeado y no declaró", Clarin.com, 17 de diciembre de 2015.

Más allá de la denuncia: Los desafíos del acceso a la Justicia. Investigaciones sobre violencia contra las mujeres. Equipo Latinoamericano de Justicia y Género, Buenos Aires, 2012.

Oficina de Violencia Doméstica. Estadística de julio de 2015 (http://old.csjn.gov.ar/docus/documentos/verdoc.jsp?ID=95065).

Perfil de Claudio López Rossi en LinkedIn.

Sentencia del Tribunal Oral en lo Criminal y Correccional número 20 en la causa número 4812, Buenos Aires, 12 de junio de 2017.

Fotos de familia

Alcaraz, María Florencia, "Femicidio del country: "Él estaba cada vez más perseguidor y golpeador", *Infojus Noticias*, 25 de agosto de 2015.

Dillon, Marta, "La fiscal en su laberinto", *Página 12*, Las 12, 28 de agosto de 2015.

Entrevista con Brenda Focás, 28 de noviembre de 2017.

Entrevista con Enrique Stola, 3 de julio de 2018.

Entrevista con Laura Zyseskind, febrero de 2018.

Entrevista con Zoe Verón, 27 de junio de 2018.

"Fernando Farré, el hombre que soñaba con pertenecer al jet set y terminó en la cárcel por asesinar a su esposa", Infobae.com, 6 de junio de 2017.

"Habló Farré desde la cárcel", C5N, 9 de junio de 2017.

"La fiscal Carballido jamás estudió sobre violencia de género", Pilaradiario.com, 30 de agosto de 2015.

"La madre de Farré y una polémica versión sobre el crimen de Martindale", *La Nación*, 24 de septiembre de 2015.

"Le decía gorda y que tenía un sueldito de mucama", *Diario Popular*, 25 de septiembre de 2015.

"Los impactantes audios del 911 en el femicidio de Castelar", *Clarín*, 20 de abril de 2017.

"Mano a mano con Farré en la cárcel", *Telenoche*, 10 de junio de 2017.

"Según nuevo peritaje, Farré atacó a su esposa con dos cuchillos en forma simultánea y la degolló de espaldas", Télam, 6 de febrero de 2016.

Sousa Dias, Gisele, "Días antes del femicidio, Farré intentó esconder $ 7,5 millones", *Clarín*, 2 de septiembre de 2015.

La promesa

Aguirre, Osvaldo, "El honor mancillado como atenuante", *La Capital*, Rosario, 16 de mayo de 2004.

Entrevista con Dora Barrancos, 6 de agosto de 2018.

"La confesión de adulterio fue atenuante de un asesinato", *Clarín*, 25 de mayo de 2004.

Rodríguez, Marcela V. y Chejter, Silvia, *Homicidios conyugales y de otras parejas*, La decisión judicial y el sexismo, Editores del Puerto, Buenos Aires, 2014.

Tessa, Sonia, "Otra vez sapo", *Página 12*, *Las 12*, 21 de mayo de 2004.

Tribunal Oral en lo Criminal y Correccional número 4 de la Capital Federal, Sentencia contra Alejandro Daniel Bajeneta, 18 de mayo de 2017.

Alguien que camina por atrás

Entrevista con Gabriel Cartaña, agosto de 2018.

Entrevista con Jorge Borgo, julio de 2018.

Entrevistas con Lucas Azcona, agosto y septiembre de 2018.

Entrevista con Yanina Sánchez, julio de 2018.

Tribunal Oral en lo Criminal número 15 de la Capital Federal, Sentencia contra Lucas Ariel Azcona, 21 de noviembre de 2016.

Epílogo: el rostro que no queremos ver

Entrevista con Mariela Labozzetta, marzo de 2018.

Entrevista con Irene Meler, agosto de 2018.

"Pidieron 18 años de reclusión para un hombre acusado de atacar con un martillo a una mujer", Fiscales.gob.ar, 25 de septiembre de 2017.

ÍNDICE

Este libro se terminó de imprimir en
Modelo para Armar en el mes de octubre de 2018
Luis Sáenz Peña 647 - CABA
Buenos Aires - Argentina